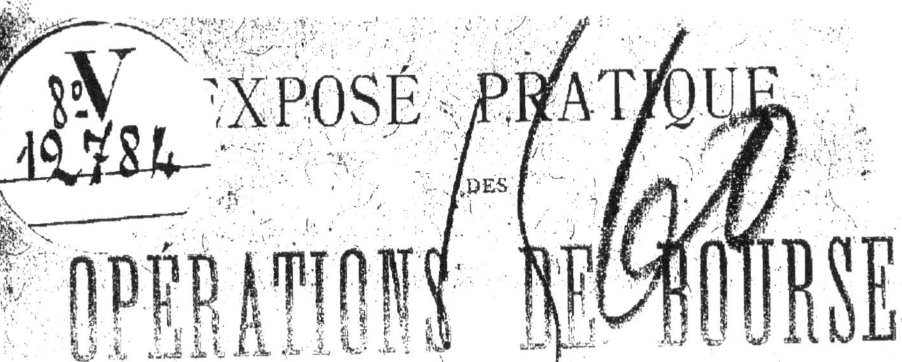

EXPOSÉ PRATIQUE

DES

OPÉRATIONS DE BOURSE

A TERME

ET AU COMPTANT

1re ÉDITION

Prix : Un Franc

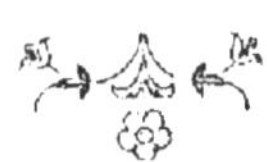

BANQUE DE CRÉDIT FRANÇAIS

SOCIÉTÉ ANONYME AU CAPITAL DE 1.150.000 FR

Propriétaire de

LA SÉCURITÉ FINANCIÈRE

(Fondée en 1868)

PARIS, 14, RUE DE LA BANQUE

—

1894

EXPOSÉ PRATIQUE

OPÉRATIONS DE BOURSE

A TERME ET AU COMPTANT

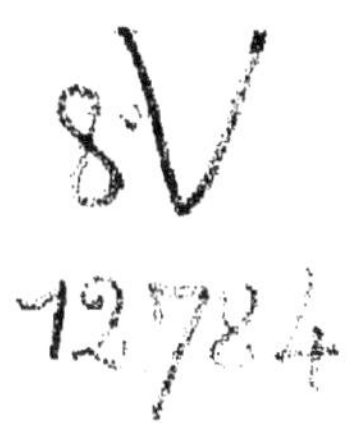

EXPOSÉ PRATIQUE

DES

OPÉRATIONS DE BOURSE

A TERME

ET AU COMPTANT

3me ÉDITION

Prix : **Un** Franc

BANQUE DE CREDIT FRANÇAIS

SOCIÉTÉ ANONYME AU CAPITAL DE 1.150.000 FRANCS

Propriétaire de

LA SÉCURITÉ FINANCIÈRE

(Fondée en 1868)

PARIS, 14, RUE DE LA BANQUE

1894

AVANT-PROPOS

LA BANQUE DE CRÉDIT FRANÇAIS

La Banque de Crédit Français a été constituée en Société anonyme le 2 Mai 1882 ; elle succédait à la **Sécurité Financière**, qui avait été fondée en 1868.

La Maison compte donc actuellement plus de 25 ans d'existence ; nous sommes fiers de le faire remarquer, car sa longévité est une preuve convaincante de son honorabilité et de la prudence de sa direction.

Pendant une aussi longue période, bien des événements graves se sont produits ; de nombreuses institutions financières, qui avaient cependant paru prospères, ont sombré, en laissant des ruines incalculables après elles.

La modeste **Banque de Crédit Français** a survécu à tous ces effondrements. Sa clientèle n'a jamais eu de motif de s'effrayer ; aussi, a-t-elle été sans cesse en grandissant.

Si cette vitalité s'est affirmée au milieu de ces

désastres, c'est non seulement parce que la maison le méritait par la rectitude et l'honnêteté de ses agissements, mais aussi parce qu'elle avait, et ce, plus que jamais, sa raison d'être.

Intermédiaire entre le petit capitaliste et les grands établissements financiers ou les agents de change, la **Banque de Crédit Français** rend une foule de services que ne sauraient offrir les grandes institutions, qui dédaignent les petites affaires, tout autant que les petites gens se sentent mal à l'aise chez elles.

Très bien placée dans ce rôle, la **Banque de Crédit Français** entend persister dans sa méthode toute pleine d'aménité ; elle ose compter sur ses anciens clients fidèles pour la recommander dans leur entourage et la grandir ainsi par la confiance qui s'attache surtout aux Maisons stables et honnêtes.

Nous les en remercions très sincèrement et nous leur affirmons, à nouveau, notre plus entier dévouement.

LA DIRECTION.

OPÉRATIONS DE LA BANQUE

Les opérations auxquelles se livre la BANQUE DE CRÉDIT FRANÇAIS *se divisent en deux branches bien distinctes :*

1° *Les* **Opérations de Bourse au comptant,** *dans le service desquelles rentrent toutes celles qui ont trait aux placements de fonds définitifs, telles que : achats de valeurs de tout repos. arbitrages, achats de valeurs en spéculation, opérations sur valeurs dépréciées, placements temporaires de fonds en reports, souscriptions aux emprunts ou émissions de titres industriels, encaissements de coupons et dividendes, transferts et conversions de titres, etc. :*

2° *Les* **Opérations de Bourse à terme.** — *Nous n'avons négligé aucune partie de ce petit ouvrage, mais nous avons apporté, à la rédaction de ce qui concerne le* **Service du Terme,** *le soin le plus jaloux et le plus méticuleux, en cherchant, dans une rédaction sobre et sans prétention, le plus sûr moyen de bien nous faire comprendre.*

Nous avons autrefois écrit le **Petit** et, plus tard, le **Grand Catéchisme de la Bourse**. Ces titres répondaient exactement aux préoccupations que nous avions alors et qui nous animent encore aujourd'hui :

Celles d'enseigner, sous la forme la plus concise, *par exemples* notamment, ce que le spéculateur doit savoir, lui indiquer ce qu'il peut avoir à faire dans certaines circonstances, le mettre en garde contre les emballements funestes et lui montrer le chemin qu'on peut heureusement parcourir avec le minimum de risque possible.

Ces deux précédents ouvrages ont eu plus de trente éditions.

Nous espérons que la modeste brochure d'aujourd'hui rencontrera un succès analogue. Ce sera la récompense de ses auteurs, qui ont mis tout ce qu'ils possédaient d'expérience et de savoir pour la rendre utile.

PREMIÈRE PARTIE

LES

OPÉRATIONS DE BOURSE A TERME

Ces opérations ont le tort d'être imparfaitement connues du public, qui ne voit en elles que le jeu qui ruine et déconsidère.

C'est là un préjugé absurde, contre lequel nous ne saurions protester assez énergiquement.

Le jeu, c'est la poursuite aveugle de la chance bête qui vous fera gagner ou perdre, si vous avez choisi la rouge ou la noire, qu'aucun calcul ni aucune probabilité n'avaient désignée pour cela.

Là, pas d'intelligence, pas de savoir-faire qui tienne, si l'on n'admet pas la fraude, et la cagnotte doit fatalement tout absorber dans un temps donné.

Au contraire, les opérations de Bourse à terme constituent une spéculation dans ce qu'elle a de plus intelligent.

En effet :

Que le spéculateur opère sur des valeurs, des terrains ou des grains, c'est la même chose ; il est obligé d'étudier la matière sur laquelle il veut spéculer et de calculer toutes les chances et probabilités qui devront faire monter ou baisser la marchandise sur laquelle il jette son dévolu.

Le spéculateur en immeubles calculera la chance d'accroissement de la population, les projets de viabilité en cours, enfin les circonstances qui peuvent, à un moment déterminé, donner de la plus-value à la propriété qu'il convoite et qu'il achète bien souvent à terme, dans l'espoir de la revendre à gros profit.

On sait comment opèrent les marchands de grains qui font le vide sur les marchés en achetant toute la marchandise disponible, si les récoltes s'annoncent comme devant être mauvaises, et la revendent ensuite à des termes plus ou moins éloignés.

Mais, il faut que ces gens-là se livrent à des études très sérieuses de la situation, qu'ils calculent les chances des arrivages exotiques et pèsent les mille et une considérations qui peuvent amener la hausse ou la baisse.

S'ils gagnent de l'argent, leur bénéfice est bien licite, car ils ont subi des risques correspondants.

Celui qui fait des opérations de Bourse à terme

n'opère pas autrement que les précédents. C'est
dans les événements politiques extérieurs ou
intérieurs, c'est dans l'abondance des récoltes,
dans les entrées et sorties d'or, dans le chômage
ou l'importance des travaux industriels ou com-
merciaux, qu'il recherche les causes de plus ou
de moins-value des rentes ou titres sur lesquels
il veut spéculer.

C'est bien là une étude intelligente s'il en fût
et qui écarte toute espèce de similitude entre le
spéculateur, obligé de compter avec tant de
choses, et le joueur qui, les yeux fermés, tire un
neuf ou un patard !

Nous pouvons donc, en toute certitude, affir-
mer à nouveau ce que nous avons dit si souvent :

Spéculer n'est pas jouer !

Et, cela, pour calmer les scrupules de beaucoup
de gens timorés, qui confondent encore les opérations de Bourse à terme avec le trente et quarante.

Le jeu est défendu, tandis que les opérations
de Bourse à terme sont reconnues et réglementées par la loi.

Manière d'opérer à la Bourse

Les façons d'opérer à la Bourse varient à l'infini, suivant les ressources dont on dispose, suivant les mois, les jours, les heures même.

Ce qui était vrai, hier, peut être absolument faux, aujourd'hui; on ne peut donc établir que des règles générales, permettant de se plier aux exigences du moment.

OPÉRATIONS FERMES

On achète ou l'on vend *ferme* des rentes ou des valeurs par certaines quantités, dont les *minima* font l'objet d'un tableau spécial *(voir page 33)*; on s'engage à lever ou à livrer à la quinzaine, ou à la fin du mois courant.

Acheter, lorsqu'on n'a pas les fonds nécessaires pour prendre livraison, ou vendre, lorsqu'on n'a pas de titres à livrer, peut paraître imprudent.

Cependant, rien n'est plus simple et plus facile, puisqu'on peut toujours, dans le courant de la quinzaine ou du mois, revendre ou racheter ce qu'on ne peut pas lever, ou ce qu'on ne peut pas livrer.

Il n'y a aucun danger de ce chef; on trouve toujours la contre-partie de ce qu'on a fait.

C'est une question de cours.

C'est une question de différence à payer ou à recevoir.

Si l'on trouve, dans le courant du terme, c'est-à-dire pendant le mois ou la quinzaine, à vendre plus cher qu'on a acheté, on encaisse la différence, et c'est tout.

Si l'on est obligé de vendre moins cher qu'on a acheté, on paie la différence, et c'est fini par là.

Il en est de même pour ceux qui ont vendu et sont obligés de se racheter plus ou moins cher; suivant le cas, ils encaissent ou paient.

Voilà donc une première opération, la plus simple de toutes, terminée par une vente si l'on est acheteur, par un achat si l'on est vendeur. C'est ce qu'on appelle *liquider*.

REPORTS — DÉPORTS

Mais, on n'est pas fatalement obligé de se liquider par une vente ou un achat. On peut *se faire reporter* si l'on est acheteur, ou *reporter* si l'on est vendeur.

Dans le premier cas, on trouve un capitaliste qui avance les fonds pour lever les titres, moyennant une certaine redevance, qu'on appelle le « *report* »; et, dans le second, un porteur qui vous prête les titres, que vous avez à livrer et dont il touche le loyer; celui-ci prend le nom de « *dé-port* ».

Le report ou le déport sont essentiellement variables, suivant les circonstances dans lesquelles se trouve le marché.

Pour expliquer, d'une façon complète, ces deux opérations et les causes, qui peuvent faire varier le taux des reports, cette brochure tout entière ne serait pas suffisante.

Dans la pratique, il vous suffit de savoir que le montant moyen des reports, sur le 3 0/0 français, a été de *trois centimes*, par 3 fr. de rente, en 1893. Il est généralement plus élevé sur les valeurs, mais il ne dépasse pas la moyenne de *5 à 6 0/0* l'an.

Le déport, n'étant que la contre-partie du report, se trouve être forcément du même taux.

ÉCHELLE DE FERME PAR 0,25

Cette combinaison est très pratique pour les Clients prudents, ou ceux qui n'ont pas le temps de suivre journellement les variations de la Bourse.

Elle consiste, après un premier achat de 3.000, à faire une opération sur un chiffre semblable, chaque fois qu'il y a un mouvement de 0,25. Cette opération sera une vente, si ce mouvement est dans le sens de la hausse ; ce sera un achat, s'il est dans le sens de la baisse.

Exemple :

Un spéculateur débute par un achat de 3.000 de rente 3 0/0 à 99 francs. Quelques jours après, on cote 99 25, il vend ses 3.000, réalisant un premier bénéfice de 250 fr. ; puis, on monte encore : il vend 3.000 à 99 50, — 3.000 à 99 75. Mais, on ne monte pas toujours; la baisse survient : il rachète, au fur et à mesure qu'on baisse de 0.25; il arrive à ce résultat qu'en revenant à son cours de début, il réalisé 2,3 ou 4 fois un bénéfice de 250 francs.

En baisse, le système est identique : on achète à chaque échelon de baisse de 0,25 et l'on vend, en reprise, à chaque hausse de 0,25.

On comprend facilement qu'une succession d'opérations de ce genre constituent des moyennes très avantageuses et obligent, en même temps, à la réalisation du bénéfice, toutes les fois qu'il atteint 250 francs, ce qu'on néglige de faire, quand on opère suivant les méthodes habituelles.

Que nos Lecteurs, cote en main, fassent l'application de ce système sur les mois écoulés, et ils se rendront compte des bénéfices considérables qu'on peut quelquefois se faire en un seul mois.

L'opération ci-dessus pouvant s'élever, à l'achat ou à la vente, jusqu'à 15 ou 18.000 fr. de rente, nécessite une couverture importante, d'au moins 5.000 francs.

Tout le monde ne veut pas risquer une semblable somme, surtout avant d'avoir expérimenté la chose.

Nous fractionnons alors par dixième, c'est-à-dire que, moyennant 500 francs, chacun peut s'intéresser, pour cette fraction, dans un groupe qui opère avec 5.000 fr. Les bénéfices et les pertes sont partagés proportionnellement à la mise de chacun, personne ne pouvant être engagé au delà.

Pour plus ample informé, ceux de nos Lecteurs, qui voudraient tenter cette opération très avantageuse, n'ont qu'à nous écrire, nous leur adresserons tous les renseignements désirables et la formule à remplir.

ARBITRAGES

On entend, par *arbitrage*, un achat et une vente simultanés : Un spéculateur achète de la Rente Italienne à Berlin et la vend à Paris, profitant ainsi de l'écart qui peut exister, sur la valeur, entre les deux places; il fait « un arbitrage ».

Des arbitrages se font, en France, d'une place à l'autre : la Bourse se tient, à Lyon, à 10 heures du matin et à 5 heures du soir; les arbitragistes, rapidement renseignés, peuvent opérer sur les deux places, quelquefois avec succès.

Ce sont là des opérations qui ne sont accessibles qu'aux banquiers et aux gros spéculateurs.

Mais, les arbitrages se font, sur une plus modeste échelle, entre le parquet et la coulisse, entre le comptant et le terme.

Ces arbitrages ne donnent lieu qu'à des bénéfices restreints.

Il s'en pratique d'autres qui sont plus fréquents et quelquefois très productifs.

Ainsi, on arbitre, c'est-à-dire on échange une valeur contre une autre de même nature.

Par exemple : *On fait une vente de 4 1/2 0/0 contre un achat de 3 0/0.*

C'est là un arbitrage de père de famille ; et, il est évident qu'il ne peut pas être bien dangereux.

C'est une opération à la hausse.

Si le marché est bon, on montera et les deux rentes progresseront ensemble ; mais, le spectre de la conversion empêchera le 4 1/2 de s'élever beaucoup ; et, tandis que le 3 0/0, animé par un très large courant d'affaires, montera de 1 fr., par exemple, le 4 1/2 ne s'élèvera pas de plus de 0,25 ou 0,30.

Si l'on a opéré sur 9.000 fr. de 4 1/2 et 6.000 fr. de 3 0/0, on perdra 500 ou 600 fr. sur le 4 1/2 et l'on gagnera 2.000 fr. sur le 3 0/0 !

Si l'on sent la baisse, on devra renverser la proposition :

On vendra le 3 0/0 ; — on achètera le 4 1/2.

De toute manière, on ne courra pas grand risque, puisque l'une des deux rentes doit toujours compenser l'autre dans une mesure assez large.

La couverture, pour opérer de la sorte, est de la moitié seulement de celle exigée pour faire l'une des deux opérations isolément, à moins qu'il ne s'agisse de valeurs tout à fait dangereuses.

Nous avons pris nos rentes comme premier exemple, car ce sont toujours celles qui offrent le plus de facilité sur le marché et la sécurité la plus grande.

Mais, les gens aventureux, ceux qui sont ambitieux, choisissent, de préférence, les valeurs dont le marché est le plus mouvementé. Ils assortissent toujours le mieux possible les deux valeurs ; par exemple, en ce moment :

On vend l'Italien ;
On achète l'Extérieure d'Espagne.

Là, il peut se produire de très grands écarts ; mais, l'expérience de ces temps derniers prouve que le mouvement d'une de ces deux valeurs entraîne presque fatalement l'autre, soit en hausse soit en baisse, car ce sont les mêmes spéculateurs qui conduisent le marché.

Dans un ordre modeste, celui qui nous plaît toujours le mieux, on peut arbitrer le *Turc* contre la *Banque ottomane*, le *Hongrois* contre le *Russe*, etc., toutes les valeurs enfin, qui ont quelque analogie entre elles, en mettant toujours celles, qui paraissent appelées à la hausse la plus probable, *à l'achat*, les autres, servant d'assurance contre un mouvement contraire à celui qu'on espère, *à la vente*.

OPÉRATIONS A PRIMES

Une question se pose tout d'abord :

Qu'est-ce qu'une prime ?

Une prime n'est autre chose qu'une assurance contractée contre la baisse. C'est un dédit, qu'on s'engage à payer au vendeur, pour avoir le droit de renoncer à l'achat qu'on a fait de lui.

Les primes sont, suivant les valeurs, de 50 fr., de 20 fr., de 10 fr., de 5 fr. et même de 2 fr. 50 par titre. Sur les fonds d'Etats, elles sont généralement d'un franc, de 0,50, de 0,25 et même de 0,10 et de 0,05 par somme de rentes égale à son taux d'intérêts, c'est-à-dire par 3 fr. de 3 0/0, 4 fr. 50 de 4 1/2, etc.

Un spéculateur croit à la hausse d'une valeur quelconque ; mais, elle ne lui paraît cependant pas assez certaine pour courir les risques d'un achat *ferme*. Il veut bien tenter une opération ; mais, il désire, avant tout, savoir où il va et ne tient pas à s'exposer à perdre une grosse somme, si l'opération qu'il projette ne réussit pas.

Admettons qu'il veuille opérer sur la Rente Française et que le cours du ferme soit de 98 fr. ; il trouvera un vendeur qui, moyennant 98 30, lui vendra une prime dont 0,25 en liquidation.

Si, à la fin du mois, le 30 ou le 31, à une heure et demie, la Rente est à 99 fr., l'acheteur, qui peut gagner 1 franc, c'est-à-dire 500 fr. par 1.500 fr. de rente, déclarera, à son vendeur, qu'il lève son achat, c'est-à-dire qu'il devient acheteur ferme, et gagnera, en le revendant, 0,70, soit 350 fr. seulement.

Mais, par contre : si la rente se trouve à 97 fr. au moment de la réponse des primes, il abandonnera sa prime, en en payant le montant, soit 125 fr., si elle est de 0,25, tandis que s'il avait acheté du ferme, il devrait l'intégralité de la baisse, soit 500 fr.

Voilà ce qu'est une prime.

En baisse, l'acheteur de prime ne peut perdre que son montant : 0,10, 0,25, 0,50, 1 fr., s'il s'agit de rentes ; 2,50, 5, 10, 20, 50 fr., s'il s'agit de valeurs.

En hausse, le bénéfice est illimité, l'acheteur tenant toujours, et jusqu'à la réponse des primes, son vendeur à sa discrétion.

Il faut bien noter que l'écart qui existe entre le taux des primes et celui du ferme est extrêmement variable, suivant les circonstances, qui entourent le marché, et le temps, qui doit s'écouler entre l'achat et la réponse, etc..

On traite des primes pour un temps plus ou moins long :

Au parquet, pour des valeurs qui ont deux liquidations par mois, on peut traiter des primes en liquidation ou à six semaines, soit trois liquidations au maximum.

En ce qui concerne les valeurs qui n'ont qu'une liquidation par mois, au parquet, on traite les primes pour fin du mois, ou d'un mois sur l'autre.

En coulisse, on vend indifféremment la prime pour la fin du mois courant ou du mois prochain et même à trois mois de date. Là, les conventions sont libres ; néanmoins, on ne cote les primes que fin courant ou fin prochain.

Sur ce dernier marché, on cote aussi des primes dont 0,10 en liquidation et dont 0,05 et parfois davantage pour le lendemain. La réponse de ces petites primes a lieu chaque jour à deux heures.

Mais, en tout état de cause, il faut se baser sur ce principe : que, plus le temps est long, — c'est-à-dire, plus l'affaire est incertaine pour le vendeur, — plus la prime est chère, plus les écarts sont grands, qu'il s'agisse de rentes ou de valeurs.

Il faut encore remarquer ceci : que, plus le marché d'une valeur devient mauvais, plus les écarts se tendent. Ainsi, les écarts de primes dont 0,25 ou dont 0,50 sur l'Italien ou l'Extérieure d'Espagne se sont élevés, par moments, dans des proportions tout à fait anormales de 1,75 à 2 francs, en liquidation, c'est-à-dire pour quelques jours, alors qu'au commencement du mois, elles étaient à bien meilleur compte.

C'est que, lorsqu'une valeur a beaucoup baissé, il ne se trouve plus de gens disposés à courir les risques d'une reprise inopinée, mais fort probable.

Nous croyons que nos Lecteurs auront bien compris ce qu'est une prime; nous allons leur expliquer l'emploi qu'on peut en faire.

Manière d'opérer sur les Primes

Les primes se prêtent à un grand nombre de combinaisons, par exemple, les échelles de primes contre primes ou avec du ferme, les achats ou ventes de ferme contre primes, etc., etc.

ACHAT DE PRIMES

(Opération à la hausse)

La première combinaison consiste dans l'achat pur et simple de primes : on achète celles-ci comme on achète du *ferme*, mais un peu plus cher, et l'on reste dessus jusqu'à ce qu'on y trouve un bénéfice sortable, ou jusqu'à la réponse des primes.

Nous avons publié, en 1892, dans la « *Sécurité Financière* », des tableaux desquels il résulte que : Un achat de 3.000 à prime d/25, effectué au début de chaque mois pendant 12 mois consécutifs et liquidé, chaque fois, à la réponse des primes, avait procuré un bénéfice net, défalcation faite des courtages et des pertes, de **2.663 fr. 50.** Le même achat, fait dans le courant du mois, vers le 15, pour la fin du mois suivant, a produit un gain de **4.888 fr. 50.**

Un achat d/50, fin du mois, a fait réaliser un bénéfice net de **4.038 fr. 50.** L'achat, fait pour la fin du mois suivant, a donné un profit de **6.488 fr. 50 !**

Ces chiffres, empruntés à la Cote officielle, sont indiscutables ; ils remontent à quelques mois, mais nous ne les citons que comme exemple.

Nous tenons ces tableaux à la disposition de toutes les personnes qui nous en feront la demande et nous prions tous nos Lecteurs de le faire, car ils sont instructifs.

ACHAT DE PRIMES
CONTRE VENTE DE FERME

(Opération à la baisse)

Les primes permettent aussi bien la spéculation à la baisse qu'à la hausse.

Beaucoup de Clients n'achètent des primes que pour *vendre du ferme*, avec le minimum de risques et même sans risque du tout.

Ainsi, dans le courant du mois, alors que les écarts de primes sont déjà diminués, des spéculateurs, qui sentent bien leur Marché, se disent : Le

Marché est ferme, mais voilà déjà plusieurs jours consécutifs qu'on monte ; ça commence à devenir dur à remorquer ; la baisse, ou même une légère réaction, n'est pas loin, il faut en profiter.

Ils achètent la prime et vendent le ferme.

Si leurs prévisions se réalisent, ils gagnent, sur le ferme vendu, tout le montant de la baisse jusqu'au cours où ils jugent à propos de se racheter, et ils restent acheteurs de la prime, qui leur servira pour faire de nouvelles ventes en cas de reprise.

OPÉRATION MIXTE

(Simultanément à la hausse et à la baisse)

Vente de ferme. — Achat du double à prime.

Cette combinaison, que les Lecteurs de la « *Sécurité Financière* » connaissent bien, est à appliquer lorsqu'il doit se produire de grandes variations de cours.

Il y a des moments où il est impossible d'avoir une opinion sur les mouvements qui peuvent avoir lieu.

On peut, aussi bien, monter de 2 francs que baisser de 5 francs sur une rente.

Actuellement, l'Espagne nous fournit un excellent exemple :

L'Extérieure a baissé de plusieurs points sur l'affaire de Mélilla ; admettons un échec grave, cette rente peut facilement baisser de 3 ou 4 francs.

Au contraire, supposons que, par une action heureuse, les Kabyles soient défaits d'une façon telle qu'ils ne pourront plus continuer la lutte, l'Extérieure remontera immédiatement de tout ce qu'elle a perdu.

Dans le premier cas :

Vendeur de ferme et acheteur de primes, on abandonnerait les primes et on réaliserait, sur la vente du ferme, un bénéfice considérable.

Dans le second cas :

Acheteur du double à prime, on perdrait l'écart entre le ferme vendu et la prime achetée, mais on gagnerait sur la moitié de l'achat autant que l'on monterait.

C'est excessivement simple, il ne s'agit que de choisir l'instant propice, celui où les mouvements doivent être assez grands.

ÉCHELLES

PRIMES CONTRE PRIMES

Les échelles constituent, pour les spéculateurs aisés, entreprenants, connaissant bien le Marché et le suivant journellement, les méthodes les plus avantageuses, mais, en même temps, les plus dangereuses.

C'est à l'aide des échelles que les Katz, les Dumont et tant d'autres ont fait de grosses, très grosses fortunes à la Bourse.

Mais, il est difficile et imprudent de les suivre, surtout si l'on n'a pas les reins très solides.

L'échellier, qui opère sur des primes seulement, achète, au commencement du mois, la grosse prime, celle d/50, qui se rapproche le plus du prix du ferme; il vend la petite, celle d/25, avec 0,25 ou 0,30 d'écart.

Il se trouve donc en bénéfice, puisqu'il a vendu plus cher qu'il n'a acheté; mais, il ne spécule pas pour si peu. Si la hausse continue, il vend encore la prime la plus chère; c'est le deuxième échelon.

Il est, alors, vendeur à découvert; et, si la hausse continue, il sera dans l'obligation d'acheter pour se couvrir, tout en vendant, encore et toujours, par quantités plus fortes, de façon à maintenir son bénéfice et à l'augmenter autant que possible.

Il suit ainsi tous les mouvements qui se produisent dans un mois, profitant de toutes les alternatives pour acheter ou vendre ; et, à la réponse des primes, s'il a bien opéré, il doit se trouver liquidé avec un joli bénéfice, ou bien rester volontairement vendeur ou acheteur à des cours qui ne lui donnent pas d'inquiétudes parce qu'il est certain d'encaisser également de gros profits en se liquidant.

ACHAT DE FERME
CONTRE VENTE DE PRIMES
et réciproquement

Cette opération constitue la véritable échelle, celle des gens osés, celle des gens calés, celle, enfin, des gens qui gagnent.

On achète, au début du mois, 6.000 de ferme, en même temps qu'on vend 6.000 d/50 et 6.000 d/25. Voilà le point de départ ; il est beau, comme on le voit, puisqu'on achète meilleur marché qu'on vend.

La hausse se produit, on vend encore des primes. Mais, les premières primes vendues, celles d/50, sont atteintes ; elles vont être débordées ; vite, on achète la même quantité ferme et l'on vend encore le double d/25.

Voilà le mal réparé, on est toujours bien placé : acheteur de 12.000 ferme, on gagne l'écart sur les premiers 6.000 achetés ; puis, le reste est couvert d'au moins 1,50 par 30.000 de primes vendues. Ça va bien. Tant que la hausse marche, on achète et l'on vend davantage, on gagne les écarts et l'on vend les primes très cher. Ça va toujours bien.

Mais, la réaction arrive : il faut lâcher le ferme. Ce dernier n'est pas plutôt mis à la porte qu'on remonte, il faut le racheter.

Et, ainsi de suite : il faut être constamment sur le marché, vendre ou racheter son ferme, vendre des primes tant que c'est possible, en acheter de petites, si l'on peut en avoir au prix où l'on a vendu les grosses.

La fin du mois arrive, l'échellier a une position énorme qu'il liquide religieusement avant la réponse des primes ; il perd peu, lorsque ça lui arrive, mais il gagne le plus souvent et quelquefois beaucoup.

Il faut un tempérament spécial pour être échellier, posséder un très grand sang-froid, un bon jugement et une décision prompte ; si vous réunissez ces conditions et aussi des moyens suffisants pour vous assurer un crédit illimité, vous aurez toutes les chances possibles de faire une très grosse fortune.

Heureusement, il n'y a pas place à la Bourse pour ceux-là seulement ; nous allons parler de très petits spéculateurs qui, également, y gagnent quotidiennement leur vie, à l'aide des opérations qui font l'objet du chapitre suivant.

PETITES PRIMES

Nous avons dit qu'il se traitait, tous les jours de Bourse, des petites primes, qui devaient être répondues le lendemain, à 2 heures précises.

A part leur durée, réduite à 24 heures, ces primes sont soumises aux mêmes conditions que les autres et donnent lieu aux mêmes combinaisons.

Elles sont généralement d'un sou ; mais, lorsque le marché est mauvais, on en traite de 2 sous, et même, dans les moments de panique, de 5 sous.

Les écarts sont plus ou moins tendus, suivant les circonstances ; mais, en général, de 0.05 à 0.07 au début du marché, et, à la fin, 0,05, 0,03 3/4 et même 0,02 1/2, si les affaires sont très restreintes.

Ainsi donc, quiconque dispose de 50 francs peut se mettre acheteur de 3.000 francs de 3 0/0 dont 0,05, à la condition de payer, suivant le moment où il achète : 7, 5 ou 3 centimes plus cher que le cours du ferme.

Il a jusqu'au lendemain, à 2 heures, pour lever ou abandonner son achat.

Il y a, à la Bourse, un très grand nombre de petits spéculateurs qui ne font que cela, perdant un jour leur prime, soit 50 francs, gagnant le lendemain deux ou trois sous au-dessus de leur prime, soit 100 ou 150 francs, sur lesquels il y a le courtage et l'impôt à déduire.

Le métier, lorsqu'il est fait attentivement, ne laisse pas d'être fructueux, parce qu'on le commence en petit, par 1.500 et 3.000 ; mais, lorsqu'on a gagné quelques jours de suite, on peut augmenter, en ne risquant que partie de son bénéfice acquis, et aborder les chiffres de 12 ou 15.000, ce qui donne alors des bénéfices très sérieux.

Il faut bien dire, d'ailleurs, que les plus gros spéculateurs ne dédaignent pas ces petites primes ; il n'est pas rare, en effet, de voir celles-ci ramassées par 150.000 fr. et même plus.

C'est, généralement, dans le but de vendre dessus, qu'ils les achètent.

Si l'on veut provoquer un mouvement de baisse, on achète des quantités de primes dont un ou deux sous pour le lendemain et l'on vend du ferme dessus, à tour de bras.

On perd sûrement les primes ; mais, les ventes de ferme, qu'elles permettent, peuvent procurer des bénéfices considérables.

Vaut-il mieux acheter du Ferme ou des Primes ?

Si nous nous sommes exprimés clairement, et nous nous sommes efforcés de le faire, nos Lecteurs ont compris les avantages et les inconvénients des diverses méthodes de spéculation que nous leur avons exposées.

Il peut cependant rester encore un doute dans leur esprit :

Tout bien pesé, *vaut-il mieux acheter du ferme ou des primes ?*

Cette question nous est posée souvent ; rien n'étant absolu, en matière de Bourse, nous pensons que le mieux est d'y répondre par un exemple :

Un petit spéculateur veut bien employer une somme de 5 à 600 francs pour tenter une affaire : il considère que le ferme, coûtant meilleur marché, pourra lui donner des bénéfices plus grands et d'une réalisation immédiate en cas de hausse ; il achète donc 1.500 fr. de 3 0/0 ferme. C'est tout ce qu'il peut faire avec cette couverture.

On monte de 0,75 ou 1 fr. ; notre heureux débutant gagne 375 ou 500 francs. C'est un joli résultat.

Qu'aurait-il obtenu, s'il avait acheté d/25 ?

Avec une couverture de 600 fr., il aurait pu acheter 6.000 fr. de rente d/25, qu'il aurait payés, dans les premiers jours du mois, 0,35 à 0,40 plus cher que le ferme.

La hausse étant, comme on vient de le supposer, de 0,75 ou 1 fr., il aurait gagné 700 fr. au lieu de 375 fr., ou 1.200 fr. au lieu de 500.

L'exemple est probant. Mais, il ne faudrait pas, cependant, le considérer comme absolu, car on aurait pu ne monter que de 0,15. Alors, l'acheteur de ferme aurait encaissé ces 0,15 et aurait tiré, de ce chef, 75 fr. de bénéfice; au contraire, l'acheteur de primes les eût abandonnées et aurait perdu, par suite, 600 francs.

En résumé, toutes les méthodes peuvent être bonnes, le tact seul doit guider dans leur choix.

Mais les primes auront toujours nos préférences, en raison de la sécurité qu'elles présentent.

Observations Générales

A la Bourse de Paris, les transactions s'opèrent officiellement *par l'intermédiaire des* **Agents de change,** *au nombre de soixante, et dont la réunion constitue ce qu'on appelle le* **Parquet.** *Ils ont la qualité d'officiers ministériels, sont assermentés et nommés par le Président de la République.*

Les Agents de change ont à peu près, en droit, sinon en fait, le monopole de toutes les négociations de Bourse.

Mais, par suite du développement considérable pris par ces dernières, le Parquet s'est trouvé souvent insuffisant à en assurer la rapide et complète exécution.

Il a été, dès lors, jugé nécessaire de recourir à un groupe d'intermédiaires indépendants, bien que réunis en Syndicat et officieusement reconnus, qui opèrent à côté des Agents; c'est ce qu'on nomme indifféremment : la **Coulisse**, *le* Marché libre *ou* en Banque.

Les négociations, sur ces deux marchés, *ou sur ce qu'on appelle habituellement* le Marché, *se traitent tous les jours, excepté les dimanches et jours de fêtes légales. Les séances se tiennent de midi à 3 heures, pour le Parquet, et, de midi à 3 h. 1/2, pour la Coulisse.*

Cette dernière tient également séance le soir des mêmes jours, pendant une heure environ et généralement de novembre à mai, c'est : la **Petite Bourse du soir**.

Les opérations, qui s'y traitent, — on n'y fait que du terme, — sont parfois considérables. Mais, comme elles ne sont pas contrebalancées par les affaires du Parquet, ainsi que cela a lieu pour la séance de jour, les cours subissent souvent de très grosses variations qui ne sont pas sans danger pour les spéculateurs.

Nous croyons donc ne pas devoir parler autrement de ce Marché, désirant n'y traiter d'affaires que très exceptionnellement.

La liquidation des rentes françaises a lieu à la première *Bourse du mois, et celle des Fonds d'États étrangers et des valeurs, à la* deuxième.

Les valeurs ayant deux liquidations mensuelles se liquident en outre à la Bourse qui suit immédiatement le 15 du mois.

Nous disons : première, deuxième ou dernière *Bourse* du mois et non : *jour*, car celui-ci peut être un dimanche ou une fête, c'est-à-dire un jour où il n'y a pas de séance de Bourse.

La réponse des primes a lieu à 1 heure et demie, à la dernière Bourse du mois ou de la quinzaine, pour les valeurs soumises à deux liquidations, et, à la dernière Bourse du mois seulement, pour celles qui n'en ont qu'une.
(Voir page 38.)

Les opérations à prime, qui deviennent du ferme par la réponse des primes, sont aussitôt liquidées d'office et sans avertissement préalable, à moins d'ordres contraires accompagnés d'une couverture suffisante complémentaire.

Nous croyons avoir indiqué d'une façon succincte, mais assez compréhensible, ce que sont les opérations de Bourse à terme, les principales combinaisons dont elles sont l'objet, tant sur le ferme que sur les primes, ainsi que les deux systèmes réunis.

Si nous avons été bien compris, — et, à cet égard, nous désirons très vivement que nos Lecteurs nous consultent sur les points qui resteraient obscurs dans leur esprit, — nous n'avons plus qu'à faire connaître les conditions, règlements et usages, qui font loi sur le Marché et auxquels tous les spéculateurs doivent se conformer, comme étant, pour la plupart, consacrés par la jurisprudence.

CONDITIONS GÉNÉRALES DU MARCHÉ

Nous avons dit plus haut : les opérations de Bourse sont réglementées par la Chambre syndicale des Agents de change, par les usages établis et aussi, par la jurisprudence qui a fixé, par de nombreux arrêts, tous les points litigieux.

La première de toutes les règles, à la Bourse, est la bonne foi.

Il se fait, sur notre marché, des affaires colossales sur parole, car on ne saurait appeler autrement la simple inscription *au crayon*, qui pourrait disparaître ou bien être facilement modifiée.

Jamais rien de semblable ne se produit.

Il y a des spéculateurs qui ne paient pas leurs différences, qui spéculent bien au delà de leurs forces, ce qui est foncièrement malhonnête ; mais, jamais un ordre, même donné de vive voix, ne donne matière à discussion.

MANIÈRE DE DONNER LES ORDRES

La seule, qui soit bonne, est la forme brutale, impérative :

Achetez ! — Vendez !

Beaucoup de Clients, même anciens, croient nécessaire d'entourer leurs ordres d'une foule de considérations ; ils les soumettent, aussi, à l'appréciation de celui qui les doit exécuter, ils en recommandent l'exécution au mieux, etc., etc.

Tout cela est absolument superflu et, par conséquent, nuisible.

Lorsqu'un Client est décidé à acheter 25 Rio, par exemple, c'est, évidemment, parce qu'il croit à la hausse ; il n'a nul besoin de nous le dire : et comme, généralement, il achète parce que nous lui avons conseillé de le faire, notre avis est tout donné. Il n'est point nécessaire non plus d'ajouter : *au plus bas possible ;* c'est du marché que cela dépend ; il va sans dire que nous faisons toujours nos efforts, même sans recommandations, pour exécuter, dans les meilleures conditions, les ordres que nous recevons. Vendre cher et acheter bon marché est la règle ; mais, ce n'est pas toujours exécutable.

Certains Clients compliquent encore leurs ordres de conditions peu pratiques qui en rendent généralement l'exécution impossible, alors que, libellés simplement, ils auraient pu être exécutés et auraient donné du profit.

D'autres, enfin, les limitent de beaucoup au-dessus ou au-dessous des cours ; ils arrivent, par ce procédé, à ne rien faire et à manquer de gagner.

Un certain Client, qu'il faut croire intelligent par d'autres côtés, puisqu'il a été député, avait pris pour habitude de répondre à toutes nos circulaires ; et, lorsque, par exemple, nous conseillions l'achat du Foncier à 900 fr., il nous écrivait : « *Je partage entièrement* votre manière de voir ; « le Foncier me paraît coté au-dessous de sa « valeur ; veuillez, en conséquence, m'en acheter « 50 à... **875 francs !** »

S'il avait vu la baisse, il nous aurait dit de vendre à 925 fr.

Les gens, qui raisonnent leurs ordres de telle façon, manquent toutes les affaires et ne gagnent jamais d'argent.

Les ordres de Bourse *à terme* se donnent de différentes manières :

Quand il s'agit d'un achat ou d'une vente *ferme*, on peut dire d'exécuter l'ordre :

Au premier cours.

Au dernier cours.

A un cours fixe ou limité.

Au mieux.

Comme il ne se fait pas de premier ni de dernier cours sur le marché libre, lorsqu'un Client passe un ordre à exécuter sur ce marché à l'une de ces limites, l'intermédiaire ne peut qu'essayer de les remplir à un cours très sensiblement égal à celui indiqué.

En ce qui concerne les achats *à prime*, qui deviennent des *achats fermes* quand la prime est levée, on peut donner l'ordre de les liquider :

Au cours de la réponse.

Les ordres : *au cours de compensation*, ne sont pas valables.

Il ne se fait pas de cours moyen, à terme.

Pour l'achat et la vente de *primes*, les ordres se donnent *au mieux* ou *en limitant l'écart*.

Les opérations sont faites indifféremment au Parquet, sur le marché libre, ou directement et par application entre Clients.

Observations

L'exécution des ordres au premier ou au dernier cours ne peut être garantie, alors même qu'ils seraient donnés bien avant l'ouverture de la Bourse. On ne trouve pas toujours des agents ou coulissiers désireux d'arrêter des ordres à un cours problématique et tout le monde ne peut traiter la première affaire.

Evidemment, si l'on achète au 1ᵉʳ cours et que l'on baisse immédiatement après, on est servi. Mais, si l'on monte, il ne faut pas y compter, ou c'est très rare.

On peut, dans une certaine mesure, limiter le premier cours, en libellant ainsi son ordre :

Achetez 1ᵉʳ cours, s'il ne dépasse pas X...
Vendez premier cours, minimum X...

Mais, cela est peu usité.

Nous croyons que la meilleure façon consiste à dire, tout simplement :

Achetez, ou vendez, à l'ouverture ou à la fermeture.

De la sorte, vos ordres seront toujours remplis, souvent à une très minime différence près, qu'on peut toujours considérer comme insignifiante.

Le cours limité a un inconvénient : celui d'empêcher souvent les affaires. On voudrait, par exemple, vendre de l'Italien à 80 fr. 25 et l'on fait 80 fr. 20 et 80 fr. 22 1/2 ; l'intermédiaire sent bien que c'est bon à vendre; mais, étant limité à 80 fr. 25, il ne peut rien faire ; et, l'on baisse ensuite de 0, 50. Voilà donc une affaire ratée pour 0,02 1/2 !! Le Client s'en repent ; mais, il est trop tard.

Combien en avons-nous vu qui ont perdu beaucoup d'argent, faute d'avoir su réaliser un bénéfice à temps et pour quelques malheureux centimes ?

Les ordres donnés : *Au mieux*, sont donc les plus rationnels.

Mais, il faut avoir confiance dans la Maison à laquelle on passe des ordres semblables; car, si elle était malhonnête, elle pourrait en abuser.

A cet égard, nous n'avons pas de profession de foi à faire; voici comment nous agissons presque invariablement dans cette occurrence :

Nous remplissons nos ordres dès le début de la Bourse.

Nous avons, depuis bien longtemps, renoncé à «*jouer la tendance*», c'est trop dangereux; nous exécutons nos ordres au moment où ils nous parviennent et nos Clients s'en trouvent généralement bien. Dans tous les cas, ils ne sauraient s'en plaindre.

Le **cours de réponse** pourrait être encore discutable, car les déplacements de cours sont, à ce moment-là, si rapides, qu'il est difficile de faire tout ce qu'on veut; mais, dans la pratique, ils sont presque toujours remplis, *s'ils sont donnés au début de la Bourse*, ou bien, exécutés avec une différence minime.

Cours de compensation. — Beaucoup de Clients croient que c'est là un cours pratiqué en Bourse et passent des ordres : Au cours de compensation.

C'est une erreur profonde : ce cours, fixé arbitrairement par la Chambre syndicale, n'est qu'une base sur laquelle doivent *se compenser*, se régler les opérations reportées d'une liquidation à l'autre. Il ne se fait pas effectivement sur le Marché ; il est donc impossible de traiter des affaires dessus.

Nous en avons un récent exemple bien concluant : le 3 novembre, jour de la liquidation des valeurs, le Crédit Foncier a coté, en liquidation, 970 et 976 25 ; et cependant, il a été compensé à 978 75. On n'aurait donc pas pu exécuter des ordres au cours de compensation.

Quantités ou Fractions sur lesquelles on opère à Terme

Au minimum :

1.500 fr. de rente	3 0/0	
2.250	—	4 1/2
2.500	—	Italien, Orient.
2.000	—	{ Extérieure, Portugais, Russe, Turc, etc.
800 fl.	—	Hongrois.

Toutes les actions se traitent par 25 titres.

Les ordres plus importants sont des multiples de ces chiffres.

COUVERTURES

Demandées par la « Banque de Crédit Français »

I. — *Achats ou ventes fermes.*

500 fr. pour 1.500 de rente 3 0/0, 2.250 francs de 4 1/2, 2.000 Turc.

1.000 fr. pour 2.500 Italien, 2.000 Extérieure Espagnole, 2.500 Orient, 2.000 Russe, 2.000 Portugais.

1.500 fr. pour 25 actions Canal de Suez.

1.000 fr. pour 25 actions Crédit Foncier, Banques Françaises, Chemins de fer, Rio-Tinto, Banque ottomane, etc.

750 fr. pour 25 Egypte 6 0/0, Alpines, Tharsis, etc.

II. — *Achats à prime.*

150 fr. pour 25 titres dont 5 francs.
300 fr.   »   dont 10 francs.
600 fr.   »   dont 20 francs.
150 fr. pour 1.500 3 0/0, 2.000 Turc, 2.000 Extérieure, dont 25 centimes.

300 fr. pour 3.000 3 0/0, 4.000 Turc, 4.000 Extérieure, dont 25 centimes.

600 fr. pour 3.000 3 0/0, 4.000 Turc, 4.000 Extérieure dont 50 centimes.

III. — Pour les *ventes à prime*, la couverture est la même que celle demandée pour le ferme.

IV. — Pour les *achats à prime contre vente de ferme*, opération liée ne comportant qu'un seul courtage, la couverture n'est que du montant de l'écart entre le ferme et la prime, plus le courtage.

V. — Pour les opérations *mixtes*, la couverture se compose du montant des primes et de leur courtage, plus le montant de l'écart entre le ferme vendu et la prime achetée.

Nota. — *Les chiffres ci-dessus ne sont pas un minimum, pas plus qu'ils ne sont un maximum. Ils représentent approximativement le risque encouru, en l'absence d'évènements extraordinaires.*

Ceci explique pourquoi nous demandons parfois, suivant que le marché est bon ou mauvais, une couverture inférieure ou supérieure aux sommes ci-dessus fixées.

La Banque se réserve strictement le droit de liquider une position lorsque la couverture est épuisée, tout en laissant, au Client, la faculté de conserver cette position, en remettant une nouvelle couverture avant que la première soit totalement absorbée.

COURTAGES

12 fr. 50 par 1.500 de rente 3 0/0 ; **20 fr.** par 2.250 de 4 1/2 0/0.

25 fr. par 2.500 Italien, 2.000 Turc, 2.000 Extérieure, 2.500 Orient ou 2.000 Russe, 2.000 Portugais, etc.

1/8 0/0 sur les valeurs se négociant de mois en mois.

1/10 0/0 sur les valeurs se liquidant par quinzaine.

0 fr. 50 par titre sur les valeurs au-dessous de 400 francs.

En ce qui concerne les Rentes françaises, les courtages ci-dessus indiqués sont ceux de la coulisse. Au parquet, on paie **20 fr.** *par 1.500 de 3 0/0 ou d'Amortissable, comme pour 2.250 de 4 1/2.*

Quand un achat et une vente, soit fermes, soit à primes, ont lieu dans une même Bourse et sur le même marché, le courtage n'est perçu que du côté où il est le plus élevé. Si l'une des opérations est faite au Parquet et l'autre en coulisse, bien qu'exécutées toutes deux pendant la même séance, il y a lieu à la perception de deux courtages.

Rentes et Valeurs se négociant sur les deux Marchés, officiel et libre

Le Parquet tolère que certaines rentes et valeurs, admises à la Cote officielle, se négocient sur le Marché libre, c'est-à-dire *en coulisse* :

Notamment **nos Rentes**, dont le marché libre s'abrite à l'intérieur de la Bourse.

A l'extérieur, sous les colonnades, se traitent, hiver comme été, d'énormes affaires, bien plus importantes que celles qui se font à *la corbeille*, c'est-à-dire là où opèrent les agents de change.

La négociation des *rentes étrangères* est tolérée sur le Marché libre, à l'exception de **l'Italien** que le Parquet s'est réservé. Ce sont notamment : l'**Extérieure**, le **Hongrois**, le **Portugais**, les **Fonds Turcs** et **Egyptiens**, le **Brésilien**, etc., enfin, tous les fonds qui ont un marché international.

La coulisse peut négocier également certaines valeurs cotées au Parquet, telles que la **Banque Ottomane**, les **Obligations Turques** et autres.

D'ailleurs, les cotes sont séparées ; il est, dès lors, très facile de se rendre compte des valeurs qui se font au Parquet seulement, comme le **Crédit Foncier** et le **Suez**, en coulisse seulement, comme les titres des **Sociétés étrangères**.

et, en coulisse et au Parquet, comme le **3 0/0**, l'**Extérieure**, le **Turc**, etc.

Il va sans dire que les valeurs et les rentes, qui ont un double marché, se traitent particulièrement en coulisse.

Valeurs ayant deux Liquidations par mois

Ce n'est qu'au Parquet qu'il y a deux liquidations par mois.

Ces liquidations concernent toutes *les Valeurs françaises industrielles* et *les Valeurs ou Fonds publics étrangers*.

Valeurs n'ayant qu'une liquidation par mois

Au Parquet, les **Rentes françaises**, le **Crédit Foncier** et les **Chemins de fer français** n'ont qu'une liquidation par mois.

A la coulisse, il n'y a qu'une liquidation par mois pour **toutes** les valeurs qui s'y négocient, même pour celles qui ont deux liquidations au Parquet.

DÉTACHEMENT DES COUPONS

Pour les Rentes françaises, les coupons se détachent, c'est-à-dire sont déduits des cours, **quinze jours avant leur échéance**, soit le 16 pour ceux échéant le 1er, et le 1er pour ceux échéant le 16.

Le coupon de presque toutes les autres valeurs, se négociant à terme, ne se détache que le jour de la **cinquième Bourse du mois ou de la quinzaine,** qui en suit l'échéance. Il faut en excepter les actions de la *Banque de France*, du *Gaz Parisien*, de quelques Sociétés de Crédit, de certaines *valeurs russes, turques* et autres, dont le coupon se détache le jour même de son échéance.

IMPOT

Aux termes de la loi du 28 avril 1893, il est établi un impôt qui frappe toute opération de Bourse ayant pour objet l'achat ou la vente de valeurs de toute nature.

Cet impôt est de 0 fr.05 par mille francs ou fraction de mille francs du montant de l'opération calculé d'après le taux de la négociation.

Il n'y a pas lieu à *franco* en matière d'impôt.

Exemple : J'achète 3.000 de Rente 3 0/0 à 98 30.

Mon achat représente un capital de 98.300 fr. ; je paie donc sur 99.000 fr., soit, à 0.05 0/00, 4.95 d'impôt.

Dans la même Bourse, je revends ces 3.000 de Rente 3 0/0 à 98 50, je dois encore payer 0.05 0/00 sur 99.000 fr., soit pareille taxe de 4 fr. 95.

L'impôt est réduit de moitié pour les opérations de *Report*.

Exemple : Je suis acheteur de 6.000 de 3 0/0 fin du mois. Je me fais reporter.

J'aurai à payer 0.025 sur chaque mille francs ou fraction de mille francs composant le capital représenté par la vente de 6.000 fr. de Rente 3 0/0 au cours de compensation, et 0.025 sur chaque mille francs ou fraction de mille francs composant le capital représenté par l'achat de 6.000 fr. de Rente 3 0/0 au cours de compensation augmenté du montant du report.

DURÉE DE LA VALIDITÉ DES ORDRES

Au point de vue de *la durée de leur validité*, les ordres se donnent de trois façons distinctes :

1º Ordre valable pour une seule Bourse,

2º Ordre valable pour un temps déterminé,

3º Ordre à révocation.

Tout ordre, donné sans indication de durée, est considéré comme expirant avec la séance pour laquelle il a été transmis.

Tout ordre, valable pour un temps déterminé, doit être accompagné de *l'indication bien précise* de la durée de ce temps.

Exemple : Achetez telle quantité, de telle valeur à tel cours, si le cours se produit d'ici la fin du mois.

Enfin, l'ordre *à révocation* est valable jusqu'au moment où celui, qui l'a passé, ne l'a pas annulé.

Exemple : Vendez tant de titres de telle valeur à tel cours, *à révocation*.

Tant que l'intermédiaire n'a pas reçu des instructions contraires à cet ordre, son devoir est de l'exécuter dès que les circonstances le permettent.

FIN DE LA PREMIÈRE PARTIE

SERVICES ACCESSOIRES

DE LA

BANQUE DE CRÉDIT FRANÇAIS

ASSURANCES

La Banque de Crédit Français indique les meilleures combinaisons d'assurances sur la vie. Elle vérifie toutes les polices et signale les améliorations à y apporter. Elle indique aussi le parti avantageux à tirer des contrats et se charge de toutes démarches et formalités.

Elle vérifie également les polices d'assurances contre l'incendie et signale tout ce qu'elle peuvent contenir de défectueux.

AVANCES

sur loyers, fermages et arrérages

Les propriétaires, fermiers, rentiers ou usufruitiers peuvent trouver facilement, par son intermédiaire, des détenteurs de capitaux, disposés à leur faire l'avance d'un ou plusieurs termes de revenus, ce qui leur permet de faire face à certaines nécessités imprévues pour lesquelles ils n'ont eu ni le temps, ni le moyen de se préparer des disponibilités suffisantes.

ACHATS ET VENTES
d'immeubles et d'industries

Les nombreuses relations, qu'elle a dans le monde des affaires, lui permettent de faciliter les rapports entre les capitalistes et les propriétaires d'immeubles ou les industriels, pour les achats ou les ventes de maisons, terrains ou établissements situés soit à Paris, soit en province.

PRÊTS HYPOTHÉCAIRES

Notre Maison se charge de faire réaliser tous prêts hypothécaires, à partir de 20.000 francs au moins, lorsque les garanties sont très sérieuses.

Elle a toujours un choix de bons placements sur hypothèques à offrir aux capitalistes.

USUFRUITS — NUES-PROPRIÉTÉS
Rentes viagères

Elle *achète les Nues-propriétés de titres, les Usufruits et les Rentes viagères* à des prix bien plus élevés que ceux résultant des tables de mortalité ou que donnent les Compagnies d'assurances.

Elle indique, aux usufruitiers et aux crédirentiers, le moyen d'augmenter leurs usufruits et leurs rentes viagères.

Elle a, d'ailleurs, une série de combinaisons
avantageuses qu'elle met à la disposition des
personnes qui voudraient bien lui écrire, en lui
précisant le cas dans lequel elles se trouvent.

CONSTITUTIONS DE SOCIÉTÉS
Commandites — Émissions

Elle prête volontiers son concours à la constitution de toutes Sociétés à sa convenance, en
rédigeant les statuts et procès-verbaux et en donnant tous renseignements sur les formalités à
remplir.

Elle procure toutes commandites aux commerçants et industriels, justifiant du bon fonctionne-
ment de leur entreprise.

Enfin, elle est à la disposition de toute Société
sérieuse, ayant des titres à émettre, et fait toute
la publicité nécessaire pour la réussite de l'opération.

AUTRES OPÉRATIONS

La Banque de Crédit Français se charge encore d'autres opérations telles que :

**Cessions d'offices; Ouvertures de crédit;
Encaissement d'effets et factures; Souscriptions sans frais à toutes émissions; Représentation aux assemblées d'actionnaires,
aux faillites et liquidations; etc., etc.**

NOTICE POUR LES CORRESPONDANCES

ADRESSE POSTALE

Toutes les correspondances, quelles qu'elles soient, qui nous sont adressées par cette voie, doivent porter :

BANQUE DE CRÉDIT FRANÇAIS

14, Rue de la Banque

PARIS

Ne doivent porter le nom d'un des administrateurs ou des employés de la Maison que *les communications qui leur sont absolument personnelles*. N'étant ouvertes que par les destinataires, qui peuvent être absents, elles ne doivent rien contenir d'urgent. Nous déclinons, à cet égard, toute responsabilité.

Cependant, quand on désire laisser ignorer ses relations avec une banque, on peut nous écrire sous un nom particulier que nous désignons à première demande.

ADRESSE TÉLÉGRAPHIQUE

Les **télégrammes**, adressés à la BANQUE DE CREDIT FRANÇAIS peuvent être expédiés sous cette simple rubrique :

PLUTUS-PARIS

Toutefois, malgré cela, beaucoup de Clients, résidant dans un pays ne possédant pas la communication téléphonique, hésitent à nous adresser leurs ordres par télégrammes, dans la crainte d'une indiscrétion de la part des agents chargés de leur transmission. Bien qu'aucune plainte ne nous soit jamais parvenue à cet égard et afin d'enlever toute crainte sous ce rapport à nos correspondants, nous leur indiquons une **clé** excessivement simple, n'exigeant ni mémoire, ni travail, et grâce à laquelle leurs dépêches ne sont compréhensibles que pour nous.

TÉLÉPHONE

La clientèle de Paris peut user de ce moyen rapide et fort commode pour communiquer *directement* avec la Maison, sans grand dérangement.

De même, les personnes de province, habitant une localité reliée à Paris par le téléphone, ont toute facilité d'emprunter également cette voie pour nous passer leurs ordres,

DEUXIÈME PARTIE

LES

Opérations de Bourse au Comptant

L'origine de ces opérations ne saurait être fixée ; il faut croire que l'usage en est, à peu près, aussi vieux que le monde.

Jacob, en achetant le droit d'aînesse de son frère Esaü, fit une excellente opération au comptant.

Mais, en France, il fallut attendre jusqu'en 1724 pour voir réglementer et reconnaître le commerce des effets publics.

Le fameux Law, très supérieur pour son époque aux grands flibustiers qui, depuis cinquante ans, ont mis l'épargne publique en coupe réglée, faillit tuer la spéculation dans son embryon.

La fortune mobilière était alors presque inconnue ; et, ce n'est guère qu'en 1793, lors de l'ouverture du premier Grand-Livre, qu'elle commença à se constituer.

Il faut croire que cela ne fut pas très profitable ;

car, après la chute des assignats, nous voyons, en 1796, la Rente 5 0/0 cotée, en numéraire, à 8 fr. 25 !

Il faisait bon d'acheter de la Rente à cette époque. Six mois après, elle valait 32 francs. Hélas ! ça n'était qu'un feu de paille, car elle retombait, deux mois plus tard, à 7 francs.

Il serait oiseux de vous dire toutes les étapes parcourues par notre Rente ; en 1844, on la vit monter jusqu'à 126 francs.

La Bourse, sous le règne de Louis-Philippe, fut extrêmement prospère. La fortune publique se constituait et, surtout, se mobilisait; les Chemins de fer se construisaient; les actions et les obligations pénétraient dans le public, jusque là rebelle.

Cependant, la Révolution de 1848 fit tomber la Rente à 32 fr. C'était un accident; en 1852, on la retrouve à 106 fr. 25.

L'Empire fut également une époque de spéculation; le nombre des effets publics s'accrut dans des proportions énormes.

Il devenait alors bien difficile au rentier de distinguer l'ivraie du bon grain.

Mais, le mouvement devint encore bien plus considérable après la funeste guerre de 1870.

La France, qui paraissait épuisée à la suite d'une telle lutte, écrasée sous le poids, inconnu jusqu'alors, d'une rançon de cinq milliards, n'eut qu'à faire un signe : les milliards sortirent de terre, la rançon fut acquittée, les affaires prirent un essor considérable et la circulation fiduciaire devint colossale.

Tout servit de prétexte à constitution de Sociétés, c'est-à-dire à émission de papier.

Philippart et Bontoux furent les héros de cette orgie, dans laquelle devait sombrer une grande partie de la fortune publique, reconstituée depuis la guerre.

Le krack sema des ruines sans nombre; et, comme si ça n'avait pas été suffisant, l'immense flibusterie du Panama vint, par-dessus, enlever, à la petite épargne, quatorze cents millions, dont quatre à cinq seulement furent réellement dépensés à enlever les terres molles et à érafler la Culebra.

Malgré tout cela, la vitalité de notre belle France est si grande et sa faculté d'épargne si parfaite, que l'argent est devenu à ce point abondant qu'on ne sait plus qu'en faire pour en tirer parti.

C'est par milliards qu'il est entassé dans les caisses publiques et dans les banques de dépôts, en attendant un emploi productif.

Notre 3 0/0 vaut virtuellement 100 fr.

Les obligations des Chemins de fer ne rapportent plus que 2.80 0/0. Les rentiers désolés se demandent comment ils feront pour vivre, si, parallèlement à cet abaissement du revenu, les choses essentielles à la vie continuent à augmenter, comme cela est fatal.

Nous ne nous donnons point pour mission, en écrivant cet opuscule, de remonter un courant infranchissable; mais, nous avons remarqué qu'à côté des grands fleuves impétueux, coulent de modestes rivières, calmes et enchantées et qui peuvent offrir d'excellents et sûrs abris.

Après vous avoir exposé la théorie et le mécanisme des opérations de Bourse au comptant, qui se prêtent à beaucoup de combinaisons, nous chercherons à vous indiquer différents moyens de tirer de votre argent un produit sensiblement meilleur que celui qu'offrent les grandes valeurs les plus en vue et qui ne sont pas plus sûres pour cela : témoin la Banque de France qui, de 7.000 fr., est tombée à 4.000 et viendra sans doute à 3.000 fr.

ACHATS ET VENTES

Rien au monde n'est plus simple, si l'on a de l'argent à placer, que d'acheter des valeurs, et, si l'on a des titres, de les vendre pour s'en faire de l'argent.

Malgré le préjugé, soigneusement entretenu par MM. les Agents de change, on n'est forcément obligé de passer par leur canal que dans certains cas particuliers.

Lorsqu'il s'agit de titres au porteur, et ce sont les plus nombreux, leur simple tradition étant suffisante pour en assurer la propriété, on peut les acheter de la main à la main, du moment où l'on sait qu'ils n'ont point été volés ou détournés et ne peuvent être, en conséquence, frappés d'opposition ; tout est là.

Cependant, le ministère d'un banquier ou d'un Agent de change s'impose le plus souvent ; car, on ne trouve pas toujours, dans son entourage, un vendeur des titres qu'on veut acheter, non plus qu'un acheteur des titres qu'on veut vendre ; de là, l'origine des intermédiaires officiels ou officieux, qui, moyennant un courtage insignifiant de 1/8 0/0 (1 fr. 25 par 1.000 fr.), se chargent de faire, sur le marché, les achats ou les ventes que vous seriez bien embarrassé de faire vous-même.

Ainsi donc, pour les valeurs au porteur, point d'inconvénients, point de difficultés : que vous opériez vous-même ou par un courtier officieux ou un Agent de change, du moment où l'on vous livre des titres réguliers contre votre argent ou de l'argent contre vos titres, la chose va toute seule, elle est parfaite.

Les opérations au comptant n'ont, en général, pour objet, qu'un placement ou un déplacement de fonds; et, alors, on achète ou on vend des rentes, des obligations ou des actions de Sociétés industrielles, commerciales ou financières, avec le désir de les garder ou le besoin d'en réaliser le montant.

Cependant, comme on le verra plus loin, la spéculation peut aussi aborder ce marché, soit pour profiter de la baisse momentanée d'une valeur en l'achetant pour la revendre quand elle aura remonté, soit pour réaliser un bénéfice acquis en la vendant quand la hausse se sera produite.

Nous dirons, toutefois, que, dans ce cas, on ne pourra se livrer qu'à une spéculation restreinte, puisqu'il faut avoir l'argent pour acheter et le titre, pour vendre.

Aussi, dans ce qui va suivre, n'examinerons-nous que le placement proprement dit ou la réalisation des capitaux, nous réservant de parler de la spéculation dans un chapitre spécial.

Au parquet, c'est-à-dire là où le ministère d'un

Agent de change devrait s'exercer exclusivement, les ordres d'achat et de vente s'exécutent par les soins des commis au comptant et doivent être passés :

1° *au mieux ;*

2° *au cours moyen ;*

3° *à un cours limité.*

En coulisse, il n'existe pas de cours moyen, tout le comptant s'y traite *au mieux* ou *à un cours fixé.*

Nous ne nous appesantirons pas sur ces termes qui sont aujourd'hui suffisamment familiers et courants pour que leur simple énonciation en indique le sens. Nous ajouterons, toutefois, qu'il se donne quelquefois au comptant des ordres *au premier cours, au dernier cours* ou *au cours moyen limité à un cours fixé ;* mais, ou les ordres, ainsi donnés, sont le plus souvent inexécutables et restent inexécutés, ou bien on les traite si rarement et si difficilement ainsi, qu'on fera bien de s'en tenir aux trois manières indiquées plus haut et à peu près exclusivement employées.

TITRES NOMINATIFS ET MIXTES

Une très notable partie de la fortune mobilière se compose de titres *nominatifs*. De ce nombre, sont les titres de Charbonnages, des Compagnies d'assurances, à quelques exceptions près. Les actions de la Banque de France, du Crédit Foncier de France et de beaucoup d'autres Sociétés, sont statutairement nominatives.

Les actions et obligations de nos Chemins de fer sont nominatives ou au porteur ; nos Rentes également. Enfin, la généralité des valeurs peuvent être mises au nominatif, lorsqu'il se présente une raison pour cela.

Nos Lecteurs doivent tous savoir ce que c'est qu'un titre nominatif :

Soigneusement inscrit à votre nom, sur un registre spécial, ce titre nominatif ne peut changer de propriétaire, sans le concours et la signature, sur des feuilles de transfert, du cédant et du cessionnaire.

Un tel titre offre donc un repos absolu, puisque, perdu ou volé, il ne peut être transmis sans votre consentement.

Mais, cet avantage est compensé par de graves inconvénients : car, les difficultés du transfert gênent considérablement les transactions, dont elles allongent la durée ; il faut justifier de son identité ; et, trop souvent, la mauvaise orthographe d'un nom vous oblige à des formalités sans nombre et coûteuses.

Aussi, conseillons-nous toujours à nos Clients d'avoir le moins possible de titres nominatifs.

Il est cependant des cas où l'on ne peut agir autrement. Notamment, lorsqu'il faut remployer les biens dotaux, les biens de mineurs, d'interdits, de tous les incapables et, enfin, des villes et des Sociétés autorisées par l'État.

Mais, une valeur nominative peut être mise au porteur, si les statuts de la Société ne l'interdisent pas.

C'est, d'ailleurs, ce qui se fait le plus souvent, lorsque de telles valeurs sont à vendre.

Le titre *mixte* est un titre nominatif, auquel sont joints des coupons au porteur.

La mise au porteur des titres nominatifs ou la mise au nominatif des valeurs au porteur sont, à la Banque de Crédit Français, l'objet de soins tout particuliers et épuisent bien rarement les délais réglementaires. L'habitude de traiter ces opérations et les renseignements complets que nous savons recueillir aux sources mêmes, nous permettent de réduire *au minimum* les démarches qu'elles occasionnent.

DISTINCTION A FAIRE ENTRE LES ACTIONS ET LES OBLIGATIONS

Avant d'aller plus loin, il nous paraît utile de bien faire comprendre la différence existant entre les **actions** et les **obligations.** Ces titres forment, avec les *Fonds Publics*, les *Délégations*, les *Bons* et les *Parts* (de fondateurs ou bénéficiaires), toute la série de ce qu'on est convenu d'appeler les **Valeurs Mobilières,** dont le marché se centralise à la Bourse.

En deux mots, voici cette différence :

Les actions constituent une dette de la Société vis-à-vis d'elle-même, tandis que les obligations sont une dette de la Société vis-à-vis des tiers.

Par conséquent, *l'actionnaire est un associé,* — dont la responsabilité pécuniaire ne va pas au delà de la libération intégrale de son ou ses titres, — et *l'obligataire, un créancier,* jouissant de tous les droits attachés ordinairement à cette qualité.

De la situation respective de l'un et de l'autre, il résulte que le premier n'a droit qu'à une part proportionnelle des bénéfices, s'il y en a, tandis que le second touche, qu'il y ait ou non des bénéfices, l'intérêt stipulé sur les obligations.

Les actions forment donc le capital nécessaire à la création d'une affaire financière, commerciale ou industrielle, à sa mise en train ; les obligations sont un emprunt contracté par un État, un Département, une Ville, une Société ou une Compagnie, à des conditions qui varient notamment en ce qui concerne les taux d'émission, d'intérêt et de remboursement, les garanties offertes, etc....

LIVRAISON DES TITRES

Nous avons vu plus haut que l'acheteur au comptant est celui qui veut mettre en portefeuille des titres offerts sur le marché; il opère ainsi le placement d'une somme disponible. De même, le vendeur au comptant est celui qui veut faire argent de titres qu'il possède et qu'il livre.

De sorte que, en théorie, le vendeur devrait livrer immédiatement ses titres, et l'acheteur, en verser sur-le-champ le montant.

Mais, dans la pratique, il en est différemment, parce que vendeurs et acheteurs, étrangers les uns aux autres, ne se peuvent aboucher directement et régler leur marché sur l'heure.

Ils sont obligés de se servir d'intermédiaires : agents de change, coulissiers, maisons de banque, etc...

Il s'ensuit que, si, généralement, les ventes, accompagnées des titres, peuvent être réglées dans les quarante-huit heures, souvent il n'en est pas ainsi pour les achats, parce que la livraison des titres est parfois retardée par diverses causes, dont nous allons passer en revue les principales.

Le vendeur habite au loin et a eu recours lui-même à un banquier local, qui s'est chargé de transmettre l'ordre à Paris. Ce banquier, qui connait son Client, fait vendre sans même avoir le titre, parce que l'idée de le réaliser ne s'est présentée à l'esprit de son propriétaire qu'en venant prendre langue dans les bureaux de la Banque. Il ne se dérangera pas, le vendeur, pour apporter son titre, et attendra, soit le prochain marché, soit une autre occasion, pour venir à la ville ou se rendre au chef-lieu. Voilà donc un retard de huit jours au moins, de quinze jours bien souvent, d'un mois quelquefois. Pendant ce temps-là, l'acheteur attend son titre, s'impatiente, se morfond, accuse son intermédiaire de négligence, etc., etc...

La forme nominative est également une des causes des retards apportés dans les livraisons. Beaucoup d'intermédiaires de province, qui n'ont que des notions imparfaites de contentieux financier, donnent souvent des ordres de vendre des titres nominatifs, persuadés que leur transfert ne nécessitera aucune formalité extraordinaire. Et, quand l'Agent de change présente ces titres au Trésor ou aux guichets des Compagnies et Sociétés, on lui réclame différentes pièces, qu'on ne se procure généralement pas du jour au lendemain. L'acheteur, ignorant les entraves mises à l'obtention d'un titre régulier, ne sait que penser d'un retard dont il ne peut deviner la cause.

La livraison peut encore se faire attendre un assez long temps, quand il s'agit de titres internationaux, donnant lieu à des arbitrages de place à place : achetant à Paris et vendant soit à Londres, soit à Bruxelles, Vienne, Berlin, Rome, Madrid ou Saint-Pétersbourg, voire même à New-York, et *vice-versâ*. Les vendeurs sur marchés étrangers ne font généralement leurs envois de titres qu'après les liquidations, leurs compensations effectuées, de façon à s'éviter des frais d'expédition, aller et retour, fort dispendieux.

Bien d'autres motifs peuvent causer des retards plus ou moins longs dans les livraisons, tels que : partages après successions, production de pièces, certification de signatures, attestation d'identité, etc., etc.

RÈGLEMENT DES OPÉRATIONS AU COMPTANT
Argent immédiat sur ventes

En général, un achat de titres est réglé dans la huitaine. Cependant, comme nous l'expliquons plus haut, il est certaines circonstances, peu communes heureusement, qui en retardent le règlement de quinze jours à un mois. Nous avons même vu, quelquefois, s'écouler plus de deux mois, avant que le Client ait pu avoir satisfaction. Disons, tout de suite, que c'est une exception excessivement rare.

Pour les ventes, le règlement a lieu dans les vingt-quatre ou les quarante-huit heures après l'exécution en Bourse et la livraison des titres.

Quand on le désire, nous avançons souvent une partie et même la presque totalité de leur montant. C'est là une facilité que l'on ne trouve pas chez l'Agent de change.

COUPONS

Sur les titres au porteur ou mixtes, le Client découpe lui-même les coupons, opération à laquelle il faut procéder *avec attention*. Les coupons mutilés ou détériorés sont payés difficilement, surtout aux caisses de l'Etat.

Nous recommanderons de ne pas détacher les coupons longtemps avant leur échéance, les titres n'étant réguliers qu'autant qu'ils sont munis de tous leurs coupons non échus.

Pour les valeurs nominatives, le titre lui-même devant être représenté pour en toucher les dividendes ou l'intérêt, il est nécessaire de nous les déposer contre reçu régulier.

Nous nous chargeons de l'encaissement de tous les coupons, français et étrangers, et les payons généralement *à présentation*. Aucun bordereau à établir, aucun classement à faire.

CONSEILS

Chez les officiers ministériels ou dans les grandes maisons de banque, les employés, surchargés de travail ou n'ayant que des notions imparfaites sur les affaires de Bourse, se contentent de recevoir, purement et simplement, les ordres qui leur sont donnés.

A la Banque de Crédit Français, les Clients sont considérés comme des amis et reçus comme tels. On s'empresse autour d'eux; on prend en mains leurs intérêts. On discute le pour et le contre des opérations qu'ils veulent entreprendre. On cherche, quand il s'agit d'un achat, à les détourner d'un choix mauvais ou douteux, ou bien, on applaudit à un bon; si c'est une vente, au contraire, on en suppute l'opportunité, on la blâme dans certains cas, on l'approuve dans d'autres. Quoi qu'il en soit, d'ailleurs, les conseils qu'on leur donne ne sont inspirés que par la pensée de sauvegarder leurs économies ou leur fortune.

Grâce à nos relations et aux nombreux dossiers de nos archives, nous fournissons gracieusement tous les renseignements qu'on peut désirer, aussi bien sur les valeurs, les Etablissements financiers ou industriels, les opérations de Bourse, les tirages, etc., que sur toutes les questions se rattachant au notariat, à la procédure, à l'enregistrement, aux contributions, aux assurances et, généralement, à ce qu'on appelle *les affaires*.

TIRAGES
à lots et de remboursement

Nous venons de parler de tirages. Il nous semble que les nommer ne suffit pas et que ce sujet mérite au moins quelques lignes spéciales.

Les rentiers, en effet, attachent aux tirages, d'ailleurs avec raison, une grande importance et voient avec peine leur journal financier négliger trop souvent leur publication.

La BANQUE DE CRÉDIT FRANÇAIS veille avec soin à ce que son organe : « *La Sécurité Financière* », publie régulièrement **tous** les tirages à lots ou de remboursement des valeurs *françaises*, quelles qu'elles soient, et, cela, le plus rapidement possible.

Pour les valeurs *étrangères*, la loi n'autorise en France que la publication des numéros des titres amortis, défendant, à de très rares exceptions près, celle des tirages à lots.

Possédant la liste complète de tous les tirages, aussi bien français qu'étrangers, faits depuis 25 ans, et qui ne paraissent que sur un seul journal publié à Bruxelles, nous nous mettons à l'entière disposition de notre clientèle pour vérifier les numéros de n'importe quels titres.

VALEURS DÉPRÉCIÉES
ou sans revenu

S'il est généralement bon d'avoir recours, pour ses opérations de Bourse, qu'il s'agisse de placement ou de spéculation, aux conseils et à l'expérience d'un intermédiaire éclairé, il y a surtout lieu d'en appeler à son concours quand il s'agit de titres tombés, de valeurs ayant fait perdre une notable portion du capital.

Grâce à ce mentor, on peut arriver bien souvent à rattraper une grande partie, sinon la totalité de ce qu'on a perdu; il vous aide à profiter de maintes occasions, que chaque instant voit naître et que, sans lui, on laisserait échapper.

La BANQUE DE CRÉDIT FRANÇAIS, par ses relations étendues dans le monde financier, par suite de ses renseignements particuliers toujours puisés aux meilleures sources, a eu souvent l'heureuse chance de préconiser, au moment voulu, nombre d'affaires peu ou mal connues, dont la hausse accentuée et rapide est venue à souhait combler le vide fait par des opérations malheureuses.

SPÉCULATIONS AU COMPTANT

VALEURS DE SPÉCULATION

Nous avons dit plus haut que le marché du comptant pouvait aussi se prêter à une honnête spéculation portant sur des différences de cours, résultant d'achats opportuns et de ventes judicieuses.

Mais, tandis qu'à terme, moyennant des couvertures relativement insignifiantes, on peut opérer sur de grandes quantités, au comptant, on est forcément limité, parce qu'il faut avoir l'argent nécessaire pour payer le montant *intégral* de l'achat et posséder réellement les titres pour pouvoir en faire effectuer la vente.

A terme, le nombre des valeurs, sur lesquelles la spéculation peut s'exercer, est parfaitement déterminé. De plus, il n'y a aucun inconvénient, étant donné la multiplicité des transactions, à en divulguer les tendances, à en prédire la hausse ou la baisse, à en indiquer exactement, pour chacune d'elles, les raisons de plus-value ou de dépréciation.

Au comptant, il ne saurait en être de même, ni dans un cas, ni dans l'autre. Le nombre des titres, sur lesquels on peut spéculer, tout en étant à peu près illimité, se trouve restreint par toutes sortes de circonstances de temps et de lieu. En outre, sur la plupart, il est bon de se tenir sur la réserve, d'agir avec circonspection, de savoir être discret. On ne peut réussir le plus souvent qu'en procédant sans bruit, sans donner l'éveil.

De ce qui précède, découle ce principe qu'il est presque impossible de donner une nomenclature des valeurs qui sont susceptibles d'alimenter une spéculation au comptant, leur choix dépendant tout entier d'une foule d'indices aussi temporaires que fugitifs.

Il en résulte aussi ceci : c'est qu'un capitaliste, à moins d'avoir des capitaux disponibles considérables, ne peut prétendre, au comptant, qu'à des bénéfices assez limités et, parfois, peu en rapport avec les fonds en mouvement.

Pour parer à ces inconvénients, la Banque de Crédit Français a cherché et a trouvé divers moyens qui, s'ils ne les suppriment radicalement, les atténuent du moins sensiblement. Nous allons les exposer brièvement.

SPÉCULATION RAISONNÉE

Nous avons donné ce titre à diverses opérations faites exclusivement au comptant et qui se peuvent résumer ainsi :

1° Acheter une bonne valeur, bien étudiée, bien choisie, facilement négociable, lorsqu'on sait que les cours en sont avantageux, lorsqu'on voit qu'elle est bon marché ;

2° En attendre la hausse prévue, logique, inévitable ; savoir patienter, en cas de réaction inopinée ; garder son sang-froid, quel que soit le mouvement produit, parce que la hausse doit tôt ou tard arriver, elle est forcée ;

3° Revendre alors, aussitôt qu'une plus-value raisonnable est acquise, sans tergiverser, sans essayer d'atteindre l'impossible, en sachant modérer ses désirs.

Mais, comme nous l'avons dit, il est nécessaire de ne pas faire connaître *urbi et orbi* la valeur sur laquelle on opère ; ce secret doit rester entre le spéculateur et l'intermédiaire qu'il a choisi.

Nous répèterons aussi que, tout achat au comptant nécessitant le versement intégral de son montant, il faut disposer d'une somme assez ronde pour pratiquer ce genre d'opérations, qui ne donnent souvent de bénéfices appréciables que si elles sont faites sur une certaine échelle.

La Banque de Crédit Français est à même d'offrir, en dehors de ses conseils, de sa surveillance, de sa coopération active, un concours financier des plus efficaces. Tout Client désirant engager, dans la « Spéculation raisonnée », une somme quelconque, peut, grâce à elle, *quadrupler* sa mise, sans autres frais qu'un intérêt de 6 0/0 à payer.

Ainsi, ce qu'avec ses propres moyens, il lui serait souvent difficile de faire, ou ne lui rapporterait qu'un bénéfice dérisoire, il peut, avec notre assistance, le réaliser sans peine et son gain en sera, non pas quadruplé comme sa mise, mais sextuplé souvent, décuplé même quelquefois, les frais et débours n'augmentant pas parallèlement au capital et restant presque les mêmes.

Pour nos soins, nos études, nos démarches, nos peines, nous prélevons : d'abord, un intérêt de 6 0/0 sur les sommes avancées qui permettent de quadrupler la mise, et, ensuite, un tant pour cent des bénéfices bruts réalisés sur chaque opération liquidée.

On nous comprendra mieux encore, quand on aura lu cet **exemple :**

Du 7 au 11 juillet dernier, les Obligations Consolidées Ottomanes 4 0/0, *dont nous recommandions l'achat dans notre journal, se négociaient à 389 et 391 francs.*

Un de nos Clients y engageait une somme de 1.170 fr. que nous avons quadruplée, ce qui lui a permis d'acheter ainsi 12 titres, au lieu de 3.

Deux mois après, à la veille du coupon, il pouvait les revendre facilement à 414 50, réalisant ainsi un bénéfice de 24 fr. par titre, lui laissant, en somme, tous frais déduits, *comme on le verra plus bas, un gain net de 259 francs.*

Il disposait donc, à ce moment, de 1.429 fr. que, sur nos conseils, il pouvait employer à une opération sur les actions du Télégraphe de Paris à New-York, *à la veille de monter sur des bruits confirmés de fusion avec une autre Société déjà ancienne et de diminution de son capital.*

Ces titres valaient, à l'époque, 105 à 107 fr. Avec

ses 1.429 fr. et notre avance des 3/4 environ, il avait à sa disposition une somme totale de 5.680 fr. qui lui permettait d'acheter 53 actions.

Du 14 au 21 novembre suivant, rien ne l'empêchait de revendre ses titres à 126, 127 et 128 fr. Il avait alors à son crédit net 2.135 fr., c'est-à-dire que ses 1.170 fr. primitifs lui ont rapporté, en quatre mois et demi, une somme de 965 fr., représentant du **275 0/0 l'an.**

N'est-ce pas magnifique?

Voyons, maintenant, si la situation de son compte correspond aux chiffres donnés ci-dessus :

Au débit :

10 juill. Achat de 12 Consol. Ott. à 389 fr. 50		
chacune. . . . . . . .Fr.		4.674 »
Frais et impôt (à ajouter).		6 50
8 sept. Int. à 6 0/0 sur 3.510 fr. pendant		
2 mois		35 10
Notre commission		63 »
Frais de vente.		6 85
Remboursement de l'avance.		3.510 »
12 sept. Achat de 53 act. Télégraphe N.-York		
à 106 fr. (frais compris).		5.631 80
21 nov. Int. à 6 0/0 sur 4.210 fr. pendant		
2 mois 1/2.		52 65
Notre commission.		256 60
Frais de vente		13 50
Remboursement de l'avance . . .		4.210 »
	Total du débit. . .Fr.	18.460 »

Au crédit maintenant :

9 juill. Son versement. . . . . . . .Fr.		1.170 »
10 — Notre avance.		3.510 »
8 sept. Vente de 12 Consolidées Ottomanes à		
414.50 chacune.		4.974 »
12 — Notre avance.		4.210 »
21 nov. Vente de 53 Télégr. N.-York à 127 fr.		6.731 »
	Total du crédit. . . .Fr.	20.595 »

*Balance faite, il y a bien, en sa faveur, une diffé-
rence de 2.135 fr., soit un gain net de 965 fr.*

*Or, savez-vous quel eût été son bénéfice s'il avait,
au moins dans la deuxième opération, désiré agir
avec ses seules ressources ? Il n'aurait pu acheter
que 13 titres, au lieu de 53, et ne se serait trouvé
créditeur que de la somme de 1.693 fr. 85, gagnant
ainsi seulement 523 fr. 85, au lieu de 965 fr.*

PARTICIPATION PERMANENTE

Une seconde opération, que de nombreux Clients nous ont eux-mêmes suggérée et qui doit donner de jolis résultats, est celle à laquelle nous avons donné ce titre. C'est une association de capitaux.

Elle a pour objet de faire, à la Bourse de Paris, des achats et des ventes, au comptant et à terme, mais surtout au comptant, de valeurs susceptibles de donner des différences de cours comme bénéfices.

Pour les motifs exposés dans le chapitre précédent, nous conservons exclusivement la direcion des opérations de la « Participation », et préevons également, pour nos peines et soins, un tant pour cent sur les bénéfices nets réalisés.

Les comptes en sont arrêtés deux fois par an et le gain en est distribué entre les adhérents au prorata de leurs mises de fonds, qui sont, pour chacun, de 500 francs au minimum et toutes sommes au-dessus de ce chiffre.

Des formules d'adhésion très explicites sont,

d'ailleurs, à la disposition de ceux qui désirent opérer dans cette « Participation ».

En voici un **exemple** :

Il y a un an, nous avions formé un groupement de capitaux destinés à des opérations simultanées d'achats et de ventes. Nous avions en vue l'action des Explosifs Fortis, *que des circonstances particulières avaient fait baisser du cours de 150 fr. aux environs de 13 fr. Un syndicat se formait qui allait faire remonter le titre.*

Grâce aux capitaux qui nous avaient été confiés, nous avons pu, sans bruit, sans efforts apparents, avec habileté et prudence, ramasser sur le marché un fort paquet de ces actions entre 13 et 16 fr.

Le syndicat cherchait le titre; mais, il était rare, puisque nous avions pu presque l'accaparer. La hausse se produisit toute seule. Nos Fortis s'écoulèrent sans peine à 19,20 et 22 fr. Nous avons même vendu des primes à 25 et 26 fr. dont 0,50.

Le bénéfice moyen fut de 5 fr. 75 par titre, et chaque adhérent reçut, par chaque 500 fr. versés, une somme nette de 644 fr.

L'opération n'avait duré qu'un mois et demi. Le gain représentait donc **plus de 300 0/0.**

Grâce à nos renseignements particuliers, à nos relations étendues, aux confidences que nous recueillons, rien ne nous est plus facile de savoir que telle ou telle valeur, pour des causes déterminées, est à la veille de monter ou de baisser. De là, à ramasser un gros paquet du titre que la hausse guette, ou à vendre à tour de bras la valeur que la baisse attend, il n'y a qu'un pas.

*C'est ainsi que se continuent et vont se continuer nos opérations désignées sous le nom de « **Participation permanente** ».*

On y peut, on y doit gagner beaucoup d'argent.

ARBITRAGES

Comme il ne s'agit ici que des opérations du comptant, nous ne parlerons que des **arbitrages de portefeuille,** sans nous occuper des *arbitrages de place à place,* qui restent généralement le monopole d'une catégorie de boursiers fort au courant de l'agio et du change, et des *arbitrages en reports,* dont nous dirons quelques mots dans le chapitre suivant.

L'arbitrage de portefeuille est une opération consistant à échanger des valeurs qu'on possède contre d'autres valeurs semblables ou d'un genre différent, soit parce que ces dernières offrent plus de sécurité, soit parce qu'avec autant de garanties, elles donnent un revenu plus élevé, ou bien encore qu'elles présentent des chances d'avenir plus grandes. Ce genre d'opérations n'a pas de bases bien fixes, car, telle valeur, aujourd'hui bonne à acheter, peut être, six mois plus tard, bonne à vendre.

L'opportunité de telles opérations tient à des causes si diverses qu'il est généralement nécessaire d'avoir recours à un conseiller fort expérimenté et bien renseigné.

Grâce à ses nombreuses relations dans tout ce qui touche à la finance, et aux dossiers fort complets qu'elle possède sur la presque totalité des valeurs de Bourse, la Banque de Crédit Français est à même de remplir utilement ce rôle auprès de sa Clientèle.

Il ne faut pas perdre de vue que ces arbitrages se présentent très souvent et se pratiquent sur une vaste échelle et sur une quantité de valeurs. Un capitaliste, guidé par une Maison comme la nôtre dans le choix des arbitrages avantageux à faire, peut arriver, au bout de quelques années, à augmenter considérablement et son capital, et son revenu, sans courir aucun danger.

Spéculation au Comptant et à Terme

Lorsqu'on possède des titres, qui se traitent également au comptant et à terme, par quantité de 25 et multiples, par 2,000, 2,250, 3,000, 4,000 de rentes, suivant leur nature, etc., rien de plus facile que de profiter des différences de cours qui se produisent entre les deux marchés : vendre sur celui où le titre est le plus élevé et acheter, en même temps, sur celui où il est le plus bas.

Mais, l'opération la plus lucrative, que permet de faire la possession de titres semblables en quantité suffisante, c'est la *vente à prime*. Elle offre aux capitaliste⸗ le moyen d'augmenter considérablement leurs revenus, sans aucun risque.

Dans le cas où la prime vendue est *abandonnée*, cela va tout seul, puisqu'on n'a qu'à en encaisser le montant. Or, c'est ce qui arrive le plus souvent, quand on sait opérer à propos.

Mais, la prime peut être *levée*.

Tandis que, dans le cas précédent, le capitaliste reste en possession de ses titres, dans celui-ci, l'acheteur lève et prend livraison, la vente, de conditionnelle qu'elle était, devenant *ferme*. Il doit donc se dessaisir de ses titres. Mais, comme il l'a fait à un cours élevé et que, généralement, une réaction suit une hausse quelque peu accentuée, il attendra simplement que l'occasion lui permette de les reprendre à meilleur marché, pour recommencer comme auparavant. Ce n'est qu'une affaire de temps et de patience.

Une autre opération est encore possible dans les conditions énoncées plus haut. C'est le placement des titres en reports, ce que l'on peut appeler *arbitrage en reports*, puisqu'en somme l'on *fait reporter* à bon marché *ses propres titres* pour utiliser les fonds, qui en proviennent, *à reporter d'autres valeurs*. On emprunte et on prête; le bénéfice découle de la différence entre le report payé et le report encaissé.

Là aussi, il est fort utile, pour ne pas dire indispensable, d'avoir un mentor. La Banque de Crédit Français est on ne peut mieux placée pour guider sa clientèle dans ces opérations de tout repos, qui permettent de grossir ses revenus sans nul danger et, même, sans dérangement aucun.

EMPLOI MOMENTANÉ DES FONDS

ARGENT EN REPORTS

Le taux du revenu de l'argent, placé sur de bonnes valeurs, est aujourd'hui tellement réduit, et les besoins de la vie sont devenus si grands, que le petit rentier, l'homme d'épargne, voit avec terreur venir le moment où il ne pourra plus vivre avec le maigre produit de son modeste capital.

Celui qui a quelque argent disponible consulte avec anxiété la cote et ne peut facilement se résigner à placer ses fonds à 3 ou 3,50 d'intérêt; il redoute, avec juste raison, que les cours, outrageusement élevés, des valeurs de tout repos viennent à baisser subitement, par suite d'un krack vers lequel la spéculation pourrait aboutir.

Enfin, bon nombre de gens désirent avoir des fonds toujours disponibles, sans, pour cela, les garder improductifs dans leur secrétaire.

N'y a-t-il pas beaucoup de rentiers qui touchent leurs arrérages ou loyers tous les ans et tous les six mois? Faut-il donc que ces revenus, déjà si restreints, dorment pendant de longs mois, en attendant leur emploi, sans rien produire? qu'ils courent des chances de perte, de vol ou d'incendie? Cela est évidemment imprudent et bien mal calculé, que de garder ainsi de l'argent à rien faire.

Pourquoi perdre bénévolement le produit qu'on en pourrait tirer? Si léger qu'il puisse être, il serait toujours le bienvenu.

Notre **Caisse de Reports, Prêts sur titres, Escompte,** etc., présente à nos Clients cet avantage très grand : de leur offrir, avec la sécurité, la facilité de retirer les fonds au fur et à mesure des besoins, avantage auquel se joint un produit plus rémunérateur.

Cette caisse fonctionne depuis près de vingt-cinq ans. Sa longévité, dont peu d'institutions financières peuvent se prévaloir, est la meilleure des garanties; elle prouve surabondamment avec quel soin et quelle prudence elle est administrée.

Elle a produit autrefois jusqu'à **10** et **12 0/0** d'intérêts; malheureusement, elle a dû suivre la marche décroissante du produit de l'argent; mais, elle n'est jamais descendue au-dessous de **6 60 0/0** et donne maintenant **7 80 0/0**.

Ces intérêts sont payés mensuellement et au porteur, sur la présentation d'un coupon.

Rien n'est plus commode.

D'ailleurs, presque tous nos Clients en ont déjà fait l'expérience.

En outre de ces **Bons** à échéance indéterminée, nous délivrons également des **Bons à échéance fixe** ; ceux-là touchent un intérêt supérieur, qui est de **8 0/0** depuis plusieurs années.

Enfin, comme on le verra plus loin, nous acceptons des dépôts de fonds, pour une *période fixe de* **deux** *ans,* auxquels nous offrons **10 0/0** d'intérêt par an.

L'intérêt de ces derniers titres est payable par quart et par trimestre, chez tous les banquiers, sur la présentation d'un coupon au porteur.

Ces bons sont, en outre, négociables par simple voie d'endossement, comme s'il s'agissait d'effets de commerce.

Les dépôts en reports doivent être effectués du 1er au 6 du mois; autrement, ils ne produisent d'intérêts que le mois suivant. Ils doivent être d'au moins 100 francs et peuvent être faits en espèces, mandats, chèques ou coupons échus.

Les fonds déposés sont toujours à la disposition de leurs propriétaires dans les conditions et délais indiqués au dos des Bons et que nous reproduisons plus loin; ils sont rendus contre la remise du titre acquitté.

Des explications qui précèdent et de celles qui suivent, il résulte que nos deux types de Bons, dont on trouvera les modèles ci-après, sont très avantageux; ils conviennent parfaitement aux rentiers désireux d'augmenter leurs revenus en laissant leurs capitaux stables; — aux personnes qui ont de l'argent liquide et ne savent quel emploi en faire; — à celles qui sont obligées d'attendre une échéance, ou l'accomplissement de formalités, pour se libérer d'une dette ou d'une acquisition; — aux commerçants et industriels qui n'ont besoin de toutes leurs ressources qu'une partie de l'année ; — aux gens prudents qui, pour parer à toute éventualité, tiennent à avoir toujours une certaine somme en espèces à leur disposition ; — bref, nos Bons sont susceptibles de rendre service à tout le monde, en même temps qu'ils procurent un revenu très rémunérateur : aussi sont-ils très appréciés par ceux qui en ont fait ou en font usage.

CONDITIONS ÉNONCÉES AU DOS DES BONS CI-APRÈS

Bons de Reports

La Banque de Crédit Français reçoit des fonds pour être employés à ses diverses opérations, notamment en reports, prêts sur titres et escompte d'effets de commerce.

Les Bons, qu'elle délivre en échange, dans la forme du présent, sont de 100, 200, 500, 1.000, 2.000 et 5.000 francs.

Ils sont cessibles comme les créances ordinaires, en se conformant aux articles 1689, 1690 et suivants du Code civil.

Ils sont productifs d'un intérêt payable contre la remise de coupons, qui se détachent le 6 de chaque mois, et entre les mains du porteur de ces coupons, sans représentation du titre.

Le taux de cet intérêt, susceptible de varier tous les mois, est fixé par la direction et annoncé par la *Sécurité Financière*, avant chaque échéance.

Tout versement fait après le 6 d'un mois, ne commence à produire intérêt qu'à pareille époque du mois suivant ; et tout remboursement, effectué exceptionnellement et par faveur avant le détachement d'un coupon, fait perdre tout droit à ce coupon.

Les Bons dont il s'agit sont remboursables le 6 de chaque mois, à condition d'un avis préalable, si la Banque l'exige, de 8 jours pour tout retrait jusqu'à 1.000 francs, de 15 jours quand le retrait doit être de 2.000 francs, et d'un mois quand il doit être de 5.000 francs.

En cas de guerre, émeute, panique ou autre cas de force majeure, la Banque aura la faculté d'ajourner tout remboursemsnt jusqu'à trois mois, à dater de la demande de retrait.

Le remboursement de tout Bon, qui ne sera pas dûment acquitté, pourra être rigoureusement refusé ; il en sera de même à défaut de production préalable des justifications que la Banque croira devoir exiger.

Bons à échéance fixe

(Extrait de la délibération du Conseil d'administration en date du 20 juillet 1888)

« La Banque de Crédit Français délivre, contre espèces à employer dans ses diverses opérations, notamment en *reports, prêts sur titres et escompte d'effets de commerce*, des Bons de 100 francs et multiples de 100 francs jusqu'à 20.000 francs, remboursables à l'ordre des déposants à une époque convenue avec eux et productifs d'intérêts dont le taux est fixé à l'amiable et qui sont payables trimestriellement les 1er janvier, avril, juillet et octobre, contre remise des coupons *ad hoc* ».

Modèle réduit d'un **Bon de Reports de Cent francs**

BANQUE DE CRÉDIT FRANÇAIS

SOCIÉTÉ ANONYME AU CAPITAL DE **1.150.000** FRANCS

SIÈGE SOCIAL : 14, RUE DE LA BANQUE, A PARIS

Propriétaire du Journal

LA SÉCURITÉ FINANCIÈRE

Nº _______   Fr. _______

BON DE CENT FRANCS

Délivré à M____

et stipulé remboursable et productif d'intérêts aux conditions énoncées au verso.

VU AU CONTROLE :

TIMBRE PROPORTIONNEL

Paris, le_________________ 18 .

LE CAISSIER DES ESPECES :

BANQUE DE CRÉDIT FRANÇAIS
Société anonyme à 1.150.000 fr.
Bon de Cent Francs
Nº
Coup. d'intér. échéant le 6 août 18..

BANQUE DE CRÉDIT FRANÇAIS
Société anonyme à 1.150.000 fr.
Bon de Cent Francs
Nº
Coup. d'int. échéant le 6 juillet 18..

BANQUE DE CRÉDIT FRANÇAIS
Société anonyme à 1.150.000 fr.
Bon de Cent Francs
Nº
Coup. d'intér. échéant le 6 juin 18..

BANQUE DE CRÉDIT FRANÇAIS
Société anonyme à 1.150.000 fr.
Bon de Cent Francs
Nº
Coup. d'intér. échéant le 6 mai 18..

BANQUE DE CRÉDIT FRANÇAIS
Société anonyme à 1.150.000 fr,
Bon de Cent Francs
Nº
Coup. d'intér. échéant le 6 avril 18..

BANQUE DE CRÉDIT FRANÇAIS
Société anonyme à 1.150.000 fr.
Bon de Cent Francs
Nº
Coup. d'intér. échéant le 6 mars 18..

BANQUE DE CRÉDIT FRANÇAIS

SOCIÉTÉ ANONYME AU CAPITAL DE 1.150.000 FRANCS

PARIS — 14, RUE DE LA BANQUE, 14 — PARIS

Propriétaire du Journal

Nᵒ ===== **LA SÉCURITÉ FINANCIÈRE** Fʀ. =====

BON A ÉCHÉANCE FIXE

Le ————————————— mil huit cent quatre-vingt————————, la **BANQUE DE CRÉDIT FRANÇAIS** *remboursera à Monsieur———————— ou à son ordre, la somme de ========== francs valeur reçue en espèces aux conditions insérées au verso, et, jusqu'à ce remboursement, elle en servira, à partir du———— , les intérêts à   0/0 l'an, payables au porteur, contre remise des coupons ci-contre.*

Paris, le———————   18

Pour la Banque de Crédit Français :

VU AU CONTROLE :   LE CAISSIER DES ESPECES :

TIMBRE

proportionnel

BANQUE DE CRÉDIT FRANÇAIS

Société anonyme à 1.150.000 francs

Bon à échéance fixe

Nᵒ

Coup. d'intér. de .. f. au 1ᵉʳ juil. 18..

BANQUE DE CRÉDIT FRANÇAIS

Société anonyme à 1.150.000 francs

Bon à échéance fixe

Nᵒ

Coup. d'intér. de .. f. au 1ᵉʳ avril 18..

BANQUE DE CRÉDIT FRANÇAIS

Société anonyme à 1.150.000 francs

Bon à échéance fixe

Nᵒ

Coup. d'intér. de .. f. au 1ᵉʳ janv. 18..

BANQUE DE CRÉDIT FRANÇAIS

Société anonyme à 1.150.000 francs

Bon à échéance fixe

Nᵒ

Coup. d'intér. de .. f. au 1ᵉʳ oct. 18..

BANQUE DE CRÉDIT FRANÇAIS

Société anonyme à 1.150.000 francs

Bon à échéance fixe

Nᵒ

Coup. d'intér. de .. f. au 1ᵉʳ juil. 18..

COMMENT ON PEUT DONNER 10 0/0 D'INTÈRÊT

Nous disions plus haut, à propos de nos *Bons à échéance fixe*, que les titres ordinaires produisaient un intérêt de 8 0/0, mais que **les fonds, déposés pour deux ans**, pouvaient donner, actuellement et par exception, un revenu de **10 0/0.**

On nous demande souvent, à ce sujet : Comment pouvez-vous donner 7, 8 ou 10 0/0 d'intérêts annuels, lorsque, d'après le tableau de l'échelle des revenus, la moyenne, offerte par les valeurs, ne représente que 2 50 à 6 0/0 ?

La réponse est facile : Ce sont les *Reports hors Bourse* et les *Prêts sur titres* échelonnés qui nous permettent de donner facilement cet intérêt à nos déposants, tout en nous laissant, à nous-mêmes, un bénéfice appréciable.

Nous allons le démontrer.

1º **Prêts sur Titres.** — Un Client possède des titres représentant une valeur de 20.000 francs. Il désire emprunter 18.000 francs à 6 0/0 ; rien de plus ordinaire. Une fois en possession des titres, nous pouvons emprunter, à notre tour, 16.000 francs à 4 3/4 0/0. Quoi de plus correct ? Nous ne faisons qu'imiter, en cela, les banquiers, qui réescomptent, à la Banque de France, au taux de 3 ou 4 0/0, les effets de commerce qu'ils ont pris eux-mêmes à 5 et 6 0/0.

Quel sera le résultat de cette opération ?

En ce qui concerne le capital :

Nous avons prêté 18.000 fr. et réescompté 16.000 ; nous n'avons donc, en définitive, sorti, de notre caisse, qu'**une somme de 2.000 fr.**

En ce qui concerne les intérêts :

Nous recevons 6 0/0 sur 18.000 fr.   1.080   »

Et nous payons 4.75 0/0 sur 16.000   760   »

La différence est de. . . . . . . **Fr.**   **320** »

C'est là notre bénéfice !

Les 2.000 francs, qui, seuls, sont réellement sortis de nos mains, **nous ont donc rapporté 16 0/0.**

Tel est le résulat d'un Prêt sur titres réduit à sa plus simple expression.

Si ces 2.000 fr. sortent et rentrent plusieurs fois dans l'année, on comprend qu'ils peuvent rapporter encore davantage, et que, de toutes façons, il nous est facile de prélever 10 0/0, au profit de nos bailleurs de fonds, sur les bénéfices réalisés.

2° **Reports hors Bourse.** — Dernièrement, on nous a demandé un report sur 300 obligations qui se négocient, au Parquet, entre 440 et 450 fr.

Nous avons offert 90.000 fr. à 6 0/0 d'intérêt, plus 1/4 0/0 de commission par mois, soit du 9 0/0 par an, sachant qu'à notre tour, nous trouverions 80.000 fr. à 7.50 0/0.

Entrons dans le détail de l'opération. Qu'en pouvait-il résulter?

Pour le capital :

Nous recevions 80.000 fr., tandis que nous en avancions 90.000, sortant ainsi, de notre caisse, **10.000 francs** seulement.

Pour les intérêts :

Nous touchions 6 0/0, plus 3 0/0 de commission sur 90.000 fr.. c'est-à-dire. . . .   8.100 »

Et nous avions à payer, de notre côté, 7.50 0/0 sur 80.000 fr., ou . . .   6.000 »

Soit une différence de. . . . **Fr. 2.100** »
qui représente exactement, pour nous, le **bénéfice net de l'opération.**

C'est-à-dire que les **10 billets de mille francs,** qui seuls ont été prélevés sur les fonds déposés dans nos caisses, nous **ont rapporté** 2.100 fr., soit du **21 0/0.**

Donc, si nous défalquons, de ce bénéfice, ce qui est nécessaire pour payer, à celui ou ceux à qui appartiennent ces 10.000 fr., l'intérêt promis de 10 0/0, **il reste encore, en faveur de la Maison, un profit de 1.100 francs,** très joli, étant donné surtout qu'elle n'a pas eu à fournir d'espèces de sa caisse propre.

Ces deux exemples sont assez typiques pour que nous jugions inutile d'insister davantage.

D'ailleurs, ils prouvent que, s'il est impossible

de faire rendre à l'argent, comme certains charlatans financiers trop connus le promettaient, le taux dérisoire de 120 0/0, **on peut facilement donner 7, 8, 10 et même 12 0/0** à ses bailleurs de fonds. Cela dépend des titres sur lesquels on opère et du moment, plus ou moins favorable, où se traite l'affaire.

VALEURS EN REPORTS

Dans le but de permettre à ses Clients d'augmenter, au moyen des opérations de sa *Caisse de Reports, Prêts sur titres, escompte, etc...*, les revenus des valeurs qu'ils ont en portefeuille, la Banque de Crédit Français a créé une **Caisse Spéciale de Titres,** dans laquelle toutes les valeurs, cotées en Bourse ou en Banque et ayant un cours quelconque, sont acceptées pour une somme qui varie entre 50 et 90 0/0 de la valeur des titres, suivant leur nature.

Notre **Caisse Spéciale de Titres** a donc uniquement pour but, de faire profiter, de nos opérations, les Clients qui ne possèdent pas de capitaux disponibles à mettre dans notre *Caisse de Reports,* en utilisant pour cela les titres qu'ils ont en portefeuille et qui représentent de l'argent.

Les valeurs, reçues dans cette **Caisse,** peuvent toujours être retirées, par les Clients, quand bon leur semble, en nous prévenant trois mois à l'avance. *Ceux-ci continuent donc à en toucher les intérêts lors de leurs échéances,* absolument comme s'ils les avaient encore chez eux.

Si ce sont des valeurs à lots, *ils conservent,* par conséquent, *leurs chances de tirages* et les mêmes numéros leur sont rendus.

Si ce sont d'autres valeurs, des titres pareils leur sont rendus ou leur montant en espèces calculé au cours moyen du jour de leur réception, à notre choix.

Le revenu supplémentaire, dont bénéficient les titres employés dans notre **Caisse Spéciale de Titres,** *est actuellement de 5 fr.40 0/0 l'an, soit 0 fr. 45 c. 0/0 par mois.*

Ce revenu, s'ajoutant à celui propre à ces titres, porte à 8 ou 9 0/0 le revenu des meilleures valeurs dont l'intérêt annuel n'est que de 2 à 4 0/0.

Nous ne saurions trop engager les Rentiers à utiliser ce moyen sûr et pratique d'augmenter le revenu de leur portefeuille.

PRÊTS SUR TITRES

Un des services les plus importants de la
Banque de Crédit Français, est, sans contredit,
celui **des Avances sur dépôts de Titres.**

Deux établissements se partagent, en ce moment,
la faveur publique pour tout ce qui concerne ce
genre d'affaires : le Mont-de-Piété, pour les prêts
au-dessous de 500 fr., et la Banque de France, pour
ceux au-dessus de ce chiffre.

Seulement, chez eux, les formalités exigées
sont longues et ennuyeuses. En outre, les avances
n'excèdent jamais 75 0/0 de la valeur réelle des
titres donnés en nantissement, tandis que notre
Maison prête jusqu'à 90, même 95 0/0.

A la Banque de France, on ne peut toucher que
le lendemain du dépôt, après avoir fait queue
pendant des heures, aussi bien pour être admis
à la présentation des titres, la veille, que pour
toucher ses fonds, vingt-quatre heures après.
Chez nous, on reçoit l'argent immédiatement
après la remise des titres qui s'opère sans retard.

Au Mont-de-Piété, c'est autre chose : il faut
s'occuper de ses coupons, les aller chercher à
l'échéance, en opérer l'encaissement, d'où perte
de temps. De plus, l'intérêt du prêt est fort élevé
et diminue d'autant le montant de l'avance. Chez

nous, au contraire, les coupons sont détachés à l'échéance et la valeur en est portée au crédit du compte de l'emprunteur, sans aucun dérangement pour lui. Enfin, notre taux d'intérêt est de un à un-et-demi pour cent inférieur à celui du *clou (!)*.

Outre que les emprunteurs sont dispensés d'aller dans cet établissement peu agréable, nous offrons des avantages considérables qui sont les suivants :

Augmentation de la somme prêtée, diminution de l'intérêt à payer, réalisation immédiate du prêt, aménité et discrétion parfaite.

Il est entendu, d'ailleurs, que les mêmes numéros sont rendus.

Nos lecteurs feront donc bien de s'adresser à nous, si le besoin s'en présente.

Les personnes, qui habitent la province, n'ont qu'à bien indiquer les valeurs, qu'elles désirent offrir en garantie, pour être fixées par retour du courrier.

Quant aux emprunts déjà contractés dans d'autres maisons, la Banque de Crédit Français se charge de les rembourser et prête une somme supérieure.

TITRES AU PORTEUR PERDUS OU BRULÉS

Bien que nous ayons les numéros de tous les titres qui ont été achetés ou vendus par notre entremise, nous conseillons à tous nos Clients d'inscrire eux-mêmes ceux des valeurs qu'ils possèdent sur une petite carte, qu'ils inséreront soit dans leur portefeuille, soit dans leur porte-monnaie.

Dans le cas où ils viendraient à perdre un ou plusieurs de leurs titres, pour quelque cause que ce soit : accident, incendie ou vol, ils doivent nous en aviser sans retard et nous en donner les numéros.

Nous nous chargeons de faire immédiatement les démarches nécessaires pour mettre une opposition par huissier, avec insertion au *Bulletin officiel des Oppositions*, que publie, chaque jour, la Chambre syndicale des Agents de change.

TITRES AU PORTEUR COTÉS ET PARAPHÉS

OU LACÉRÉS

Les titres au porteur, *cotés et paraphés* dans un inventaire, ne sont négociables qu'autant que les détenteurs produisent : 1º un extrait de l'inventaire, contenant l'intitulé ainsi que la nomenclature des titres ; 2º une demande signée par toutes les personnes dont l'inventaire constate les droits.

Quant aux titres *lacérés* (et sous ce titre, on comprend ceux portant de grandes taches, ou laissant voir des lavages chimiques ou des grattages, ou ceux partiellement brûlés), on ne peut en obtenir le remplacement qu'en produisant certaines pièces justificatives de propriété ou de possession, variant suivant les cas.

La Banque de Crédit Français se charge d'accomplir toutes les formalités requises en semblable occurrence, sans autres frais que le remboursement des avances ou débours nécessités par ses démarches.

Nous recommandons particulièrement, en présence des ennuis que nous exposons plus haut, de ne jamais inscrire quoi que ce soit à l'encre, ni même au crayon, sur les titres que l'on possède.

NOTA

En ce qui concerne l'**Impôt sur les opérations de Bourse** et, aussi, la **durée de la validité des ordres**, les règles et usages étant les mêmes *au comptant* et *à terme*, nous renvoyons nos Lecteurs à la fin de la première partie de notre volume, où nous avons traité ces deux questions.

FIN DE LA DEUXIÈME PARTIE

CONCLUSION

Nous croyons avoir envisagé, sous tous leurs aspects, les diverses opérations de Bourse, de banque et de finance, qui se traitent journellement sur la place et le marché de Paris.

Cet ouvrage doit être considéré, aussi bien par les rentiers que par les spéculateurs, comme un conseiller précieux, véritable *vade mecum* que tous ont intérêt à posséder.

Nous sommes, d'ailleurs, à l'entière disposition de tous ceux qui auraient besoin de renseignements complémentaires. Le cadre restreint de cette brochure ne nous a permis parfois que d'effleurer certaines questions; d'autres même, en très petit nombre, ont dû être passées sous silence, en raison de leur application peu usitée.

Nous nous ferons un plaisir de les renseigner soit verbalement, soit par écrit, leur témoignant, au moment de les quitter, l'espoir bien légitime de les compter tous au nombre de nos bons et fidèles Clients.

FIN

LA SÉCURITÉ FINANCIÈRE

Journal hebdomadaire fondé en 1868

ORGANE ET PROPRIÉTÉ

DE LA

BANQUE DE CRÉDIT FRANÇAIS

EST UNE DES PLUS ANCIENNES,
DES PLUS SURES, DES PLUS COMPLÈTES
ET DES MIEUX RENSEIGNÉES
DES NOMBREUSES PUBLICATIONS DE CE GENRE

ABONNEMENTS :

PARIS ET DÉPARTEMENTS : Un an....... **4** francs
ÉTRANGER (Union postale) :   — .... **5** francs

La **SÉCURITÉ FINANCIÈRE**, qui vient d'atteindre la 26e année de son existence, tient une place des plus honorables dans la presse spéciale s'occupant des choses de Bourse et de Banque.

Ce journal paraît tous les dimanches, sur *seize* pages de texte.

Chaque numéro contient :

1° Une **Causerie**, ou revue des événements de la semaine appliquée aux affaires ;

2° Des **Conseils** sur les opérations opportunes à exécuter, soit **au comptant,** soit à **terme ;**

3° Des **Études** critiques et raisonnées sur les affaires en émission ou en préparation ;

4° Des **Renseignements spéciaux** sur les valeurs les plus en vue ;

5° Une **Revue de la Bourse** rendant compte des négociations traitées sur le Marché officiel et sur celui en Banque ;

6° Une Chronique des liquidations et faillites concernant la finance ;

7° Une **Petite Correspondance,** répondant aux demandes de renseignements et aux questions de la Clientèle, et ayant un caractère d'intérêt général ;

8° Des Informations financières, Avis de la Chambre syndicale des Agents de change, Convocations d'actionnaires, Émissions, Echéances et Montant de tous les coupons, etc., etc. ;

9° Les Tirages des valeurs à lots et autres ;

10° Enfin, des Cotes très complètes et faciles à consulter.

**Le présent opuscule est offert en PRIME à tous les Abonnés
de la *SÉCURITÉ FINANCIÈRE.***

---

*L'Administration adresse gratuitement deux numéros à l'essai
à toute personne qui lui en fait la demande par lettre affranchie.*

TABLE DES MATIÈRES

IMP. DE LA PRESSE, 16, RUE DU CROISSANT. — SIMART.

COMPTOIR NATIONAL D'ESCOMPTE
DE PARIS

Capital : Soixante-quinze Millions de Francs entièrement versés

SIÈGE SOCIAL : 14, rue Bergère,
SUCCURSALE : 2, place de l'Opéra, } PARIS

M. DENORMANDIE, ✳, ancien Gouverneur de la Banque de France, Président du Conseil d'Administration.

OPÉRATIONS DU COMPTOIR :

Escompte et Recouvrements, Chèques, Lettres de Crédit, Traites, Avances sur Titres, Ordres de Bourse, Garde de Titres, Paiement de coupons, Envois de Fonds Province et Etranger, Opérations avec l'Extrême-Orient.

BUREAUX DE QUARTIER DANS PARIS :

A — 176, boulevard St-Germain.	F — 21, place de la République
B — 3, boulevard St-Germain.	G — 24, rue de Flandre.
C — 2, quai de la Râpée.	H — 2, rue du Quatre-Septembre
D — 11, rue Rambuteau,	I — 84, boulevard Magenta.
E — 16, rue Turbigo.	K — 92, boul. Richard-Lenoir.

AGENCES EN PROVINCE :

Aix-en-Provence, Béziers, Cette, Bordeaux, Dijon, Dunkerque, Le Havre, Lyon, Manosque,	Marseille, Montpellier, Nantes, Roubaix, Toulouse, Tourcoing et Salon.

AGENCES A L'ÉTRANGER :

Londres, Bombay, Calcutta, Shanghaï, Hong-Kong, Han-Kow, Foochow, Melbourne,	San Francisco, Sydney, Tamatave et Tananarive.

INTÉRÊTS PAYÉS SUR LES SOMMES DÉPOSÉES :

A 4 ans	4 0/0	A 1 an	2 1/2 0/0
A 3 ans	3 1/2 0/0	A 6 mois	1 1/2 0/0
A 2 ans	3 0/0	A vue	1/2 0/0

Le Comptoir tient un Service de Coffres-forts à la disposition du Public

COMPARTIMENTS DEPUIS 5 FRANCS PAR MOIS

SOCIÉTÉ GÉNÉRALE

POUR FAVORISER LE DÉVELOPPEMENT DU COMMERCE ET DE L'INDUSTRIE EN FRANCE

Société Anonyme fondée par Décret du 4 Mai 1864

CAPITAL : 120 millions de francs

Siège social : 54 et 56, Rue de Provence, à Paris

OPÉRATIONS DE LA SOCIÉTÉ :

Comptes de Chèques. — Dépôts à échéance fixe.

Chèques directs sur France et Étranger.

Ordres de Bourse. — Souscriptions.

Avances et Opérations sur Titres. — Garde de Titres.

Escompte et Encaissement d'Effets de Commerce.

Escompte et Encaissement de Coupons.

Souscriptions aux Émissions.

Renseignements sur les Valeurs de Bourse, etc., etc.

AGENCES DANS LES DÉPARTEMENTS :

Agen. Aix. Alais. Albi. Alençon. Amiens. Angers. Angoulême. Annecy. Annonay. Apt. Arles. Arras. Auch, Aurillac. Auxerre. Avignon. Bar-le-Duc. Bayonne. Beauvais. Belfort. Bergerac. Besançon. Béziers. Blois. Bordeaux. Boulogne-sur-Mer. Bourges. Brest. Brive. Caen. Cahors. Cambrai. Carcassonne. Carpentras. Castres. Cette. Chalon-sur-Saône. Châlons-sur-Marne. Chartres. Châteauroux. Chaumont. Cherbourg. Clermont-Ferrand. Dax. Dieppe. Dijon. Douai. Draguignan. Dreux. Dunkerque. Epernay. Epinal. Fontainebleau. Gaillac. Grenoble. Havre. Honfleur. La Rochelle. Laval. Lille. Limoges. Lisieux. Lodève. Lorient. Lyon. Mâcon. Le Mans. Marmande. Marseille. Montauban. Mont-de-Marsan, Montereau. Montluçon. Montpellier. Moulins. Nancy. Nantes. Narbonne. Nevers. Nice. Nîmes. Niort. Orléans. Pau. Périgueux. Perpignan. Poitiers. Pont-Audemer. Le Puy. Reims. Rennes. Rive-de-Gier. Roanne. Rodez. Roubaix. Rouen. Saint-Brieuc. Saint-Étienne. Saint-Germain-en-Laye. Saint-Lô. Saint-Malo. Saint-Quentin. Saint-Servan. Saumur. Sedan. Sens. Tarbes. Thiers. Toulon. Toulouse. Tours. Troyes. Valence. Valenciennes. Versailles. Vichy.

AGENCE DE LONDRES : 5, Fenchurch Street, E. C.

Nota. — La *Société Générale* possède, en outre, 36 bureaux situés dans les principaux quartiers et la banlieue de Paris.

LA SÉCURITÉ FINANCIÈRE

Journal hebdomadaire fondé en 1868

ORGANE ET PROPRIÉTÉ

DE LA

BANQUE DE CRÉDIT FRANÇAIS

EST UNE DES PLUS ANCIENNES,
DES PLUS SÛRES, DES PLUS COMPLÈTES
ET DES MIEUX RENSEIGNÉES
DES NOMBREUSES PUBLICATIONS DE CE GENRE

ABONNEMENTS

PARIS ET DÉPARTEMENTS : Un an . . . . . **4 francs**
ÉTRANGER (Union postale) : . . . . **5 francs**

La **SÉCURITÉ FINANCIÈRE**, qui vient d'atteindre la 26e année de son existence, tient une place des plus honorables dans la presse spéciale s'occupant des choses de Bourse et de Banque.

Ce journal paraît tous les dimanches, sur *seize* pages de texte.

Chaque numéro contient :

1o Une **Causerie**, ou revue des événements de la semaine appliquée aux affaires;

2o Des **Conseils** sur les opérations opportunes à exécuter, soit **au comptant**, soit à **terme**;

3o Des **Etudes** critiques et raisonnées sur les affaires en émission ou en préparation;

4o Des **Renseignements spéciaux** sur les valeurs les plus en vue;

5o Une **Revue de la Bourse** rendant compte des négociations traitées sur le Marché officiel et sur celui en Banque;

6o Une **Chronique** des liquidations et faillites concernant la finance;

7o Une **Petite Correspondance**, répondant aux demandes de renseignements et aux questions de la Clientèle, et ayant un caractère d'intérêt général;

8o Des Informations financières, Avis de la Chambre syndicale des Agents de change, Convocations d'actionnaires, Emissions, Echéances et Montant de tous les coupons, etc., etc.;

9o Les Tirages des valeurs à lots et autres;

10o Enfin, des Cotes très complètes et faciles à consulter.

Le présent ouvrage est offert en PRIME à tous les Abonnés
de la *SÉCURITÉ FINANCIÈRE*

L'Administration adresse gratuitement deux numéros à l'essai à toute personne qui lui en fait la demande par lettre affranchie.

PARIS. — IMP. DE LA PRESSE, 16, RUE DU CROISSANT. — SIMART.

www.ingramcontent.com/pod-product-compliance
Lightning Source LLC
LaVergne TN
LVHW021745170726
843503LV00004B/1743